LA LUTTE
AVEC L'ANGE

DU MÊME AUTEUR

Le Bordeaux retrouvé (hors commerce, 1989).

L'Arche des Kerguelen, voyage aux îles de la Désolation (Flammarion, 1993).

La Chambre noire de Longwood, le voyage à Sainte-Hélène (La Table Ronde, 1997).

JEAN-PAUL KAUFFMANN

LA LUTTE AVEC L'ANGE

LA TABLE RONDE
7, rue Corneille, Paris 6e

IL A ÉTÉ TIRÉ DE CET OUVRAGE QUARANTE EXEMPLAIRES SUR VERGÉ CHIFFON DE RIVES DONT DIX EXEMPLAIRES HORS COMMERCE NUMÉROTÉS DE I À X, DESTINÉS À L'AUTEUR ET À SES AMIS, ET TRENTE NUMÉROTÉS DE 1 À 30.

ISBN 2-7103-2389-3.

Pour Grégoire et Alexandre.

Jacob accompagne les troupeaux et autres présents à l'aide desquels il espère fléchir la colère de son frère Ésaü. Un étranger se présente, qui arrête ses pas et engage avec lui une lutte opiniâtre, laquelle ne se termine qu'au moment où Jacob, touché au nerf de la cuisse par son adversaire, se trouve réduit à l'impuissance. Cette lutte est regardée, par les livres saints, comme un emblème des épreuves que Dieu envoie quelquefois à ses élus.

EUGÈNE DELACROIX[1].

1. Texte accompagnant l'invitation envoyée par le peintre en juillet 1861 pour visiter la chapelle des Saints-Anges à Saint-Sulpice.

Prologue

Comme les trois coups au théâtre retentit le battement sourd de la porte capitonnée de cuir. L'intérieur de l'église, sa couleur grise de vieux papier-journal. Immédiatement, à main droite, la chapelle des Saints-Anges. Le vitrail est nu. Seules les murailles peintes par Delacroix resplendissent. *La Lutte de Jacob avec l'Ange* qui reçoit naturellement le jour brille davantage qu'*Héliodore chassé du Temple de Jérusalem* souvent plongé dans la pénombre.

Delacroix a représenté l'un des passages les plus incompréhensibles de la Genèse. Quel est cet adversaire que Jacob empoigne avec tant d'impétuosité? Un ange? Non seulement l'inconnu ne se défend pas mais il oppose au fils d'Isaac un sang-froid désarmant. Un comportement de vainqueur. À l'aube, contre toute attente, Jacob finit néanmoins par l'emporter. Victorieux, mais meurtri à jamais. La rosée d'un des premiers matins du monde imprègne l'herbe du Yabboq et la ramure des trois grands arbres. En face, *Héliodore*, tiré du livre des Maccabées, décrit une scène de bastonnade. Sous la peinture est logée une porte presque toujours fermée.

Seule la clarté du jour, de préférence le matin, met en valeur les décorations de Delacroix. Le gris sale du sanctuaire disparaît pour diffuser une lumière d'aquarium. Un demi-jour de fonds marins, livide, d'un vert délavé. En hiver, à partir de midi, il est préférable de renoncer à cette partie de Saint-Sulpice. Mais aux beaux jours — j'ai un faible pour septembre — l'église étincelle. Le moindre banc de nuages, l'entrée en force du soleil se transmettent à la verrière. Ce brasillement liquide est océanique.

La chapelle des Saints-Anges est une mise en scène comme le sanctuaire qui l'abrite. Les Parisiens ne raffolent pas de cette église-théâtre. Les architectes successifs — pas moins de huit! — ont pris un malin plaisir à ignorer le travail du prédécesseur. Ils ne sont pas parvenus à saboter l'une des plus harmonieuses scénographies de la capitale. Servandoni, décorateur d'opéra, roi des machinistes, génie des effets spéciaux, a joué un rôle déterminant. A-t-il vraiment raté la façade monumentale? Les colonnes cyclopéennes écrasent tout. Ce loupage a du bon : il décourage ceux qui ne veulent pas voir plus loin que l'avant-scène.

Les marchands d'objets de piété installés dans le quartier ont inventé au XIXe siècle le « style sulpicien ». Depuis, une confusion regrettable s'est créée. Beaucoup sont persuadés que cette forme de religiosité effusive et de mauvais goût s'applique à l'édifice : rien n'est moins sulpicien que cette architecture classique.

Le matin, quand le soleil illumine la place, le spectacle de l'édifice me procure un sentiment de bonheur. Un cœur bat. On ne l'entend pas. L'invraisemblable empilement dégage une énergie, possède un rythme qui donne à sa beauté un peu lourde, à ses défauts si apparents, un caractère allègre, une profonde impression de contentement. Église presque parfaite. Tout est dans le presque, la séduction réside dans l'incomplétude, l'inachèvement, symbolisés par ses deux tours jamais terminées.

Le sanctuaire et la peinture me font l'effet de deux comparses. Ils se tiennent les coudes. Que dissimulent-ils ? Je fais irruption dans la chapelle comme un flic venu recueillir à l'improviste un indice. Jusqu'à présent ces rondes, ces perquisitions n'ont rien donné. Je ne désespère pas.

Deux lumières immobiles éclairent le sanctuaire. La lampe du tabernacle dans la chapelle de la Vierge et le panneau des Saints-Anges. Ce flux lumineux est inviolé depuis plus d'un siècle.

Cette même nuit, il se leva, prit ses deux femmes, ses deux servantes, ses onze enfants et passa le gué du Yabboq. Il les prit et leur fit passer le torrent, et il fit passer aussi tout ce qu'il possédait. Et Jacob resta seul. Et quelqu'un lutta avec lui jusqu'au lever de l'aurore. Voyant qu'il ne le maîtrisait pas, il le frappa à l'emboîture de la hanche, et la hanche de Jacob se démit pendant qu'il luttait avec lui.

Il dit : « Lâche-moi, car l'aurore est levée », mais Jacob répondit : « Je ne te lâcherai pas, que tu ne m'aies béni. » Il lui demanda : « Quel est ton nom? » — « Jacob », répondit-il. Il reprit : « On ne t'appellera plus Jacob, mais Israël, car tu as été fort contre Dieu, et contre les hommes et tu l'as emporté. » Jacob fit cette demande : « Révèle-moi ton nom, je te prie », mais il répondit : « Et pourquoi me demandes-tu mon nom? » et, là même, il le bénit.

Jacob donna à cet endroit le nom de Penuel, « car, dit-il, j'ai vu Dieu face à face et j'ai eu la vie sauve ». Au lever du soleil, il avait passé Penuel et il boitait de la hanche. C'est pourquoi les Israélites ne mangent pas, jusqu'à ce jour, le nerf sciatique qui est à l'emboîture de la hanche, parce qu'il avait frappé Jacob à l'emboîture de la hanche, au nerf sciatique[1].

---

1. Genèse XXXII, 23-33 (traduction de l'École biblique de Jérusalem, Le Cerf).

CHAPITRE I

Les tours de Servandoni

« *Dans la pénombre du monde / L'escalier de Delphes rejoint le vide.* »

J'escalade péniblement la spirale de la tour nord de Saint-Sulpice où sont collés, sur les murs, des rectangles de papier. Les sentences griffonnées rythment la respiration et me permettent de reprendre mon souffle.

Qui a apposé ces vers? Le sacristain qui me précède gravit les marches avec légèreté. Homme impassible, laconique. Son aptitude à prévoir, à observer, me fait penser à un chasseur. Il possède un instinct très sûr de son église. Ce flair lui permet de s'orienter sans effort dans le réseau compliqué de galeries, de recoins, de passages secrets, de caves qui composent la face invisible du sanctuaire. Il est le gardien des clés. Il devine aussi, mieux que personne, la progression sournoise du mal dont souffre Saint-Sulpice : l'humidité. Elle infecte la pierre, désagrège le mortier des joints, mange les charpentes métalliques, perfore les toitures.

« Saint-Sulpice menace ruine et cette expression est même insuffisante », prévenait déjà en 1900 le maire du VIe arrondissement dans une lettre au préfet.

Toujours en cours de construction, l'immense bâtisse est depuis trois siècles embarrassée de structures temporaires. Au début de la Révolution, perches et baliveaux n'avaient pas été ôtés de la tour sud alors même que les travaux avaient cessé depuis longtemps. « Le plus fameux parmi les échafaudages, celui de Saint-Sulpice, et aussi le plus antique car sa naissance se perd dans la nuit des temps, vient enfin d'être déplacé », annonce victorieusement *Le Matin* du 22 janvier 1912.

L'ingéniosité française et son sens du bricolage ont encore frappé. Jusque dans les années 70, l'art de l'improvisation, ce péché d'orgueil national, a exercé ici ses ravages. On a cru soulager le mal en rapiéçant l'édifice à l'aide de béton armé. L'oxydation a fini par gonfler l'armature : la pierre a éclaté.

Le lent anéantissement de l'édifice est un crève-cœur pour le sacristain. Il diagnostique froidement les causes et les phases de la maladie. Mais la brièveté de ses phrases n'en fait que mieux ressortir un chagrin intime en même temps qu'un sentiment de colère. Saint-Sulpice, ce vieux vaisseau, ne peut plus être caréné. Il s'éloigne à vue d'œil, il a pris le large, hors de notre portée. Il va mourir, il ne veut pas gêner. Les gros mâts inégaux des deux tours font émerger à la ligne de surface de la ville le bâtiment carré et massif. La voilure des toits inclinés, le foc des dômes poussent la nef avec élégance mais il faut se rendre à l'évidence : la coque est pourrie.

— Pourrie ! Vous exagérez. En mauvais état, certainement, s'exclame mon compagnon.

— Vous savez bien qu'elle va mal, votre église. Pourquoi se voiler la face?

Il me plaît de le provoquer pour éprouver son calme. Il marque un temps d'arrêt dans l'escalier et me regarde haleter quelques degrés plus bas.

— Économisez votre souffle, la tour nord fait soixante-treize mètres.

Je pense à Huysmans et à Durtal, le héros de *Là-Bas*.

— Avez-vous lu *Là-Bas*?

— Non.

— Vous devriez. C'est un roman satanique. Il y est question de Saint-Sulpice. Le héros fait la même chose que nous en ce moment.

— Quoi donc? dit-il poliment.

Son ton inexpressif ne dénote aucune curiosité. Massif, le visage lumineux et austère, il fait tellement corps avec son église qu'on le dirait taillé dans la pierre même de Saint-Sulpice lorsqu'elle n'était pas malade : un calcaire résistant et immaculé de la région de Creil.

— Il escalade comme nous la tour nord où loge le sonneur, dis-je. Vous ne trouvez pas que c'est curieux d'avoir inventé un tel détail!

— Pas tant que cela! Il y a un logement dans la tour nord. Je vais vous le montrer.

Des trouées de lumière crèvent parfois les ténèbres, portant la rumeur de la ville qui bourdonne à nos oreilles, puis le brouhaha s'éteint dans un pianotement sourd. Des coups de klaxon plaintifs se détachent au milieu du murmure. Ce tumulte lointain, alors que nous nous trouvons au cœur de

Paris, est angoissant. À mesure que je m'élève, ces bruits meurent peu à peu. Ils soulignent un manque, un peu comme le prisonnier qui distingue les signes sonores d'une vie dont il ne fait plus partie.

Nous arrivons à la hauteur de la deuxième rangée de colonnes qui surmonte la façade de l'église. Un souffle chaud de poussière et de suint — cette odeur flétrie et lourde que l'on respire l'été sous les combles — s'insinue parfois dans l'escalier.

J'ai beau m'appuyer sur la main courante — une rigole creusée à même la pierre —, mes pas mal assurés butent dans l'obscurité sur la contremarche. Je titube sur des oiseaux morts. Ces cadavres de pigeons desséchés par les intempéries ne sont pas repoussants. Le bout de ma chaussure les soulève avec tant de légèreté qu'on les croirait lyophilisés. Le vent s'engouffre dans les ouvertures et flûte doucement à mes oreilles.

« Qu'il est effroyable, ce lieu ! » déclare Jacob, sortant de son rêve. Il a aperçu un escalier dont le sommet atteint le ciel.

Dans mon ascension, je ne puis m'empêcher de penser au songe de Jacob, histoire aussi énigmatique que le passage du Yabboq, le gué où se déroule la lutte avec l'ange. Le prophète Osée rapproche curieusement les deux épisodes : « Dès le sein maternel, il supplante son frère, dans sa vigueur il fut fort contre Dieu. Il fut fort contre l'Ange et l'emporta, il pleura et l'implora. À Béthel il le rencontra[1]. » C'est à Bé-

1. Osée XII, 4-5.

thel que se situe le rêve de l'échelle, mot qu'on peut traduire tout aussi bien par rampe ou ziggourat.

Jacob est un personnage qui symbolise à merveille l'esprit de l'escalier. Avec lui, les événements surviennent presque toujours à retardement, quand apparemment il n'est plus temps. Sa mère, Rébecca, épouse stérile, finit par être mère. Alors qu'elle accouche d'Ésaü, voici que se présente l'intrus : Jacob, le nouveau-né qu'on n'attendait pas. Déjà décalé, mais aussi accrocheur et terriblement roublard : sa main tient en douce le talon d'Ésaü. Il se cramponne, on ne va pas s'en débarrasser aussi facilement. Son entrée dans le monde a déjà toutes les apparences d'une usurpation.

Le trousseau de clés du sacristain répand un son argentin aussi vif et gai qu'un carillon. Il ouvre une porte, déclenche un violent courant d'air. Le battant se referme brutalement. J'ai un instant l'impression que la terrasse, balayée par un vent impétueux, s'ouvre sur le vide.

Paris surgit sous nos pieds, sidération blanche, silencieuse, déroulée devant nous telle une tapisserie sans chatoyance. Un désert de pierres d'où provient un grondement par vagues. Vision désolée et monstrueuse de la belle Sodome que l'Ange exterminateur a épargnée mais vidée de ses habitants. Quelque chose d'inquiétant, un mouvement suspendu. La certitude que ce décor bientôt ne sera plus. Déjà on entrevoit le désastre final. Pressentiment que tout est joué. Le béton gris, les dalles usées, ce pauvre frémissement crayeux seront un jour ensevelis par le sable et le silence. Des pitons, une sierra de ruines. Combien de temps résistera la ziggourat de Saint-Sulpice? Un vent aride soulève une poussière ocre. La fontaine Saint-Sulpice rutile comme un mausolée de marbre entouré du bouquet sombre des marronniers.

Le sacristain consulte sa montre. Alors se produit une déflagration d'une telle intensité que je pense aussitôt à un bang supersonique. L'onde explosive, si puissante, paraît se diffuser au ralenti, l'écho ne parvient pas à s'installer dans l'air. Cette profonde réverbération sonore déferle vers moi, elle m'étourdit, je la reçois en plein visage. Ce n'est pas un choc, plutôt un vertige.

— C'est Henriette, dit le sacristain.

— Henriette?

— Oui, *la dièse*!

— J'avoue ne pas comprendre.

— Vous allez entendre aussi Thérèse et Caroline, *la* et *si bémol*.

La seconde percussion, plus grave, impulse un son lourd, d'un registre si bas que je suis contraint de me boucher les oreilles. À présent, je comprends pourquoi il était nécessaire de nous éloigner de la tour. Les cloches de Saint-Sulpice sont réputées pour leur redoutable puissance de feu sonore. Car il s'agit bien de feu, d'un dégagement d'énergie, d'une gigantesque incandescence qui embrase et ravage tout sur son passage. Ce souffle brûlant me fouette la face. La vibration provoque une seconde fois une sorte d'éblouissement. Je n'ai pas peur de tomber dans le vide, j'ai plutôt la sensation d'une paralysie qui gagne tout mon être comme si le monde pétrifié d'en bas m'irradiait de son flux éteint.

Le plus impressionnant n'est pas ce Paris inerte sous nos pieds, mais le dernier étage de la tour nord orné de la statue des quatre Évangélistes. Les nuages marchent à toute allure, frôlent le sommet, se dénouent en écharpes moutonnantes. Marc est le plus agité. L'usure du temps, l'abrasion de la pollution ont épaté son nez et ravagé les traits de son visage. Il a une figure violente. Il ne tient pas en place. On dirait même qu'il s'apprête à sauter sur les nuées de moutons pour les enfourcher et passer sur l'autre tour.

Mon compagnon regarde ailleurs. Il examine les pierres, scrute les phases de la maladie.

— Ça fuit de partout... Des décennies d'infiltration! dit-il d'un ton las.

— Comment peut-on sauver un édifice aussi colossal? Ces travaux qu'on effectue de temps à autre ressemblent à du raccommodage. On fait semblant de porter secours à cette église!

Je sais bien que j'exagère. La toiture en ardoise de la nef a été entièrement refaite, les chapelles sud du déambulatoire ont été mises hors d'eau. Mais il suffit que cette chirurgie restauratrice soigne un membre pour qu'une autre partie tombe malade. Maintenir l'édifice en bon état, l'entretenir est une tâche impossible. On n'opère qu'à l'article de la mort. Cet acharnement thérapeutique, le gardien des clés en connaît mieux que moi l'hypocrisie. Il constate néanmoins que le vieux corps fatigué tient le coup. Et surtout il n'aime pas qu'on en dise du mal.

— Qu'en savez-vous? D'ailleurs, ce n'est pas mon domaine. Demandez plutôt aux architectes des Monuments historiques. Mais je croyais que vous vous intéressiez à la peinture de Delacroix?

— C'est vrai... Mais tout se tient. Cette peinture ne peut être séparée de l'église. Saint-Sulpice, la chapelle des Saints-Anges, *La Lutte de Jacob avec l'Ange*, tout les réunit. Saviez-vous que Delacroix a peint les deux tours au temps de sa jeunesse, lorsqu'il habitait rue Jacob sous les toits? Il avait vingt-six ans.

Il a raison de prendre un air dubitatif. Je ne vais pas lui faire mon boniment sur le côté théâtral de Saint-Sulpice, sur Servandoni, le décorateur d'opéra qui a conçu la façade. Son église, une mise en scène! Je suis sûr que cela le choquerait. Ce sanctuaire est la maison de Dieu, il en est le préposé. Il ne se voit certainement pas dans le rôle d'un machiniste.

Ce Servandoni a quelque chose d'insaisissable. Peintre, architecte, décorateur, homme de spectacles, aventurier, il a inventé le premier diorama et conçu le premier son et lumière. « Grand machiniste, grand architecte, bon peintre, sublime décorateur », tel est le jugement de Diderot sur le personnage. Presque toutes ses peintures ont disparu. On n'a pu identifier que quelques-unes de ses toiles : un univers de ruines, de tombeaux, de pyramides funéraires dans le goût de Piranèse. L'archéologie et le rêve.

Dans un tableau, à la bibliothèque des Beaux-Arts, Servandoni a représenté un Saint-Sulpice en ruines. Le grand portail est brisé, les fameuses colonnes cannelées sont renversées. Un goût très théâtral de l'effet.

Il y a aussi ces deux tours bizarres, surtout la tour sud inachevée. Elle est criblée de trous, les sculptures manquent. On distingue les panneaux de pierre destinés à recevoir les formes.

Le « Nouveau Temple de Salomon », c'est le nom qu'on donna à l'édifice au XVIIIe siècle. « La Nuée lumineuse, qui remplit le Temple de Salomon au jour de sa Dédicace, en signe de la possession que le Seigneur en prenait, retrace ici ce qui s'est passé d'une manière invisible, à la consécration de cette église[1]. » Étrange comparaison avec le Temple de Jérusalem et non moins étrange ce signe « invisible » qui marquerait à jamais Saint-Sulpice! Comme par hasard, Delacroix choisit, un siècle plus tard, de peindre un *Héliodore*. L'histoire est tirée du livre des Maccabées. La scène se déroule dans le temple de Jérusalem...

Le plancher des combles du péristyle ressemble au sol dévasté d'un poulailler. Les innombrables empreintes de pattes (trois doigts devant, un derrière) signalent la présence de pigeons qui s'envolent à notre approche.

La pièce est très vaste avec des coulées de lumière qui en déforment le volume. Les baies obliques éclairent une architecture en coulisses où l'on aurait laissé pêle-mêle les décors sur les côtés et l'arrière de la scène. Anneaux scellés aux murs, poutres, poulies, treuils, contrepoids, crochets, gravats, quel

1. Jacques-Vincent Simonnet, 1771 (manuscrit conservé à la Bibliothèque de la Compagnie des prêtres de Saint-Sulpice).

spectacle a-t-on monté dans ce grenier abandonné? Cette machinerie oubliée fait penser à un lieu de torture, à une prison. Une expression monumentale, douloureuse, délabrée. Cet univers désagrégé, ces appareillages rouillés, ce fatras d'Arlequin ressemblent à s'y méprendre à l'œuvre peint de Servandoni. L'architecte de Saint-Sulpice a été très influencé par Pannini, le créateur de la « vue idéale », dont il fut l'élève. Serait-ce le dernier tour du grand illusionniste?

Paradoxe d'un créateur aux visages multiples, l'un des plus doués de son temps. Baroque pour la décoration, ennemi de la profusion et du style contourné pour l'architecture — son grand portail à Saint-Sulpice est pour le moins austère —, il y a du Cagliostro chez Servandoni, un côté parfois magicien de pacotille. Une telle disposition à s'inventer une multitude de personnages et à les interpréter avec un tel talent ne manque pas de susciter la méfiance. N'oublions pas qu'il est l'inventeur de la « perspective biaisée ».

Plusieurs personnes connaissant l'histoire de Saint-Sulpice m'ont assuré sérieusement que Servandoni s'était donné la mort en se jetant de la tour nord alors inachevée. On répète à l'envi cette anecdote. Or, il est décédé le plus naturellement du monde, dans son lit, en 1766. L'origine de cette légende? Engendrée sans doute par l'existence périlleuse de ce beau parleur, dépensier, intrigant. La personnalité de Servandoni ne pouvait que favoriser une telle fable.

Une plainte provient d'un cagibi couvert de poussière, orienté au nord. Le gémissement grandit, s'interrompt. Je me tourne vers le sacristain.

— C'est l'ancien logement des stationnaires, déclare-t-il impassible.

— Les stationnaires !

— Les employés du télégraphe. Ils habitaient dans ce réduit. Vous savez qu'au XIXe siècle les deux tours étaient surmontées d'un télégraphe. L'un reliait Bayonne, l'autre Toulon. Saint-Sulpice a été la cible de l'artillerie prussienne pendant le siège de Paris en 1870, à cause de ces télégraphes.

— Mais ces gémissements?

— C'est le vent. Il s'engouffre par cette fenêtre. Tenez, regardez !

Sous les combles, les courants d'air qui passent à travers le soupirail grillagé vibrent, modulant des sons flûtés qui varient de fréquence. On dirait parfois des ululements.

— Il y a des salles dissimulées partout dans cette église?

— Vous n'avez encore rien vu !

Veut-il désigner ces vestiges colossaux en plâtre devant lesquels il vient de s'arrêter? Je n'avais pas remarqué en arrivant ces moulages fracassés. Je croyais que c'étaient des gravats. C'est un entassement de pieds, de mollets, de têtes d'angelots, d'urnes, de draperies antiques. Le creux des plâtres laisse entrevoir des barres en bois qui servaient d'armature. Elles sont à présent tordues ou brisées, accentuant l'impression d'abandon et de nudité.

Je me trouve devant les vestiges d'un décor servant à orner au XVIIIe siècle quelque autel de l'église pour le mettre en perspective. Toujours ce sens exceptionnel de la scénographie, cette aptitude à distribuer les rôles, à se donner en spectacle. Saint-Sulpice est en perpétuel lever de rideau. « Le triomphe de la licence et du faux ultramontain », accusait déjà en 1745 Lafont Saint-James[1].

— Maintenant, nous pouvons revenir dans la tour, dit le sacristain.

Le vent nous cueille méchamment sur la terrasse en brèves rafales, alors que nous sortons des combles. Mirage de la ville gris argenté, l'eau morte des toits de zinc miroite comme des oueds. Oasis des places publiques à la végétation clairsemée. La dune des Invalides est secouée de flammes à son sommet. Vision terminale : poussière, silence. « La ville sainte assise à l'occident » dont parle Rimbaud laisse déjà présager le désert de pierre.

— Les coulisses... Vous aimez les coulisses? Je vais vous montrer quelque chose qui vous intéressera. Les coulisses de la peinture, répète-t-il d'un ton énigmatique.

Une nouvelle inscription :

« L'arbre qui nous porte / nous en tombons / sans l'avoir jamais vu. »

Nous avons réintégré la tour, excavation aussi sonore et sombre qu'un puits. Impression d'un monde souterrain dans lequel nous nous enfonçons pesamment. Les feuilles

---

1. *Réflexion sur quelques causes de l'état présent de la peinture en France*, cité par Émile Malbois.

blanches placardées sur les murs de l'escalier se multiplient. Ces fragments de poèmes, qui les a écrits? Ces aphorismes aux métaphores elliptiques et précieuses ressemblent parfois à du René Char.

Dans la roue de son immense trousseau, le sacristain a le chic pour choisir la bonne clé. Pourtant, elles se ressemblent toutes. Il s'arrête devant une porte au milieu de l'escalier et plonge directement la clé dans le trou de la serrure.

— C'était l'appartement du sonneur, déclare-t-il.

— C'est l'appartement de Carhaix que vous me montrez là!

Carhaix, personnage de *Là-Bas*, est le sonneur de Saint-Sulpice. Il habite dans la tour nord avec sa femme. Le héros, Durtal, aime à lui rendre visite pour discuter de liturgie chrétienne ou de sciences occultes.

La salle dans laquelle nous entrons est décrite très exactement dans le roman de Huysmans. J'adore ce livre qui sent à la fois l'eau bénite et le poil de Belzébuth. Il m'avait épouvanté, adolescent, lorsque je l'avais lu pour la première fois — j'avais le sentiment d'une profanation. Si je crois plus que jamais à l'emprise du prince des Ténèbres, à l'esprit du Mal qui règne sur le monde, *Là-Bas*, en revanche, a cessé depuis longtemps de me terroriser. Je trouve cette démonologie fin de siècle assez divertissante. Il y a des personnages très réussis comme Mme Chantelouve, la folle satanique qui pervertit Durtal ou comme ce brave sonneur Carhaix.

Ce logement d'ailleurs m'a toujours intrigué. Huysmans parle d'« une pièce morne, taillée en pleine pierre, voûtée, éclairée près du plafond par une fenêtre en demi-roue ». J'ai toujours cru que c'était une invention de l'auteur. Elle est là, devant moi. Elle n'a pas changé. Seul le plancher, qui était carrelé, est aujourd'hui en bois. Que de fois Durtal a rêvé en regardant cette pièce! Il aurait voulu l'aménager à son goût pour s'y installer. Être dans les nuages au-dessus de Paris! « Exister enfin à l'écart du temps, alors que le raz de la sottise humaine viendrait déferler au bas des tours. » Il parle d'« un séjour balsamique et douillet, un havre tiède ».

Un séjour balsamique! Il n'y a que Huysmans pour inventer de telles expressions! J'imagine qu'il fait allusion au calme de la retraite qui adoucit les peines comme un baume plutôt qu'à l'odeur balsamique (encens, résine) de l'appartement. Aujourd'hui, la demeure du sonneur sentirait plutôt la peinture. Nous nous sommes introduits en effet dans l'atelier d'un artiste peintre. Murs blancs, tables de bois, poêle monumental, minuscules pots de fleurs à la fenêtre en demi-lune. Le peintre est absent.

J'ai l'impression d'être entré chez lui par effraction, de violer l'intimité de son atelier. Le sacristain me rassure. Posé sur un châssis, un ange me sourit. C'est un collage composé de fragments de cartons. L'artiste l'a fabriqué à l'aide de fils de fer. Il a déjà l'air de savoir tout et de connaître à fond l'invisible. Déjà connecté avec l'au-delà. Il se joue du monde matériel.

Pourquoi les humains veulent-ils toujours connaître le nom des anges? « Comment t'appelles-tu? » demande Jacob à l'issue du combat. L'ange de carton, lui, se garde bien de répondre, il glisse à travers les couches fluides de l'atelier. Il peuple l'espace. On croit qu'il est maintenu au panneau que l'artiste a fixé pour lui. Erreur ! Il s'échappe. Il voltige. Il s'amuse. L'ange de papier est une personnalité facétieuse.

Le sacristain m'observe avec amusement. J'ai l'impression d'une mise en scène préparée à mon intention. Je ne peux m'empêcher de le lui dire.

— Mise en scène ! Allons !... Laissez-vous donc porter par Saint-Sulpice, dit-il avec douceur.

— Où est le peintre ?

— C'est une femme. Elle vient ici tous les jours.

— Vous voulez dire qu'elle entre dans l'église pour venir travailler ?

— Oui... Mais cela n'a rien d'exceptionnel. Il y a d'autres ateliers d'artistes à Saint-Sulpice.

— D'autres ateliers ! Mettons qu'il s'agisse d'une chose ordinaire dans une église comme Saint-Sulpice. J'admets que ce décor, ce monde en coulisses avec ses artistes, ses pièces inaccessibles, ses galeries oubliées, ses loges impénétrables, tout cela soit odieusement banal. Mais j'ai besoin de quelques explications.

— Il n'y a rien à expliquer ! Vous avez un autre atelier du côté de la chapelle de la Vierge. Un atelier de sculpteur. Une femme, elle aussi...

— Que sculpte-t-elle ?

— Des anges... Rien que des anges.

— Les anges, c'est la spécialité de Saint-Sulpice ! Où en fabrique-t-on encore ?

— Fabriquer ! Voyons, ce sont des artistes, dit-il d'un ton faussement outré. En rangeant une cave dans l'église souterraine, j'ai retrouvé deux anges. Du XVIIe, figurez-vous! Je vous les montrerai. Deux sculptures sur bois, splendides...

L'église souterraine. Je connais l'existence de ce vieil édifice du XIIe siècle sur lequel a été construite l'église actuelle. Les fondations de Saint-Sulpice reposent sur un labyrinthe de passages, de couloirs, de caveaux, de resserres. Dans l'une des salles de la crypte, j'ai même assisté plusieurs fois à la représentation de pièces de théâtre et participé à un dîner aux chandelles.

Alors que nous descendons de la tour nord, la puissante voix de l'orgue retentit. Son tonnerre parvient dans la tour. La musique, qui approche par bouffées, semble décrire des cercles comme si elle épousait avec difficulté la spirale de l'escalier.

L'explosion lointaine me fait frissonner d'émotion. Je comprends à présent l'exaltation de Delacroix et son insistance à peindre pendant les offices.

Passé la porte qui permet, au rez-de-chaussée, d'accéder à la tour, je reçois l'haleine chaude de la musique. L'église vide s'est tout à coup animée. L'air tremble.

L'Ange de *La Lutte* et celui d'*Héliodore*, éveillés par l'embrasement de la verrière, dansent.

—Vous avez aimé? me demande le sacristain.

—Je n'aurais jamais imaginé un tel monde derrière cette belle ordonnance. C'est extraordinaire! dis-je avec un enthousiasme qui semble amuser mon interlocuteur.

— C'est la même chose dans toutes les églises. Dans une maison, il y a un grenier, une cave, un débarras. Simplement on ne les voit pas.

— Ici c'est différent. Elle cache bien son jeu, votre église.

— Que voulez-vous dire? demande-t-il.

— La clarté de l'édifice... La nef... Tout paraît si transparent, alors que...

— Mais nous ne cachons rien, monsieur, coupe-t-il.

— Je veux dire que l'envers vaut l'endroit. Seulement, quelque chose m'échappe. Je n'arrive pas à le formuler. Ces ateliers, ces anges... Tout cela est si imprévu!

— Mais pourquoi compliquer inutilement? Vous avez pu le constater, ce n'est pas l'espace qui manque ici. C'est commode pour les artistes. Il y a aussi des appartements.

— Vous voulez dire que des gens habitent dans l'église?

— Pas dans le sanctuaire, évidemment. Pendant longtemps, il y a eu un jardin suspendu. C'est si vaste, Saint-Sulpice!

— Mais, où sont ces appartements?

Il marque une hésitation.

— Je n'ai pas le droit de vous le dire. Il faut être discret, vous comprenez.

— Discret! Vous venez de me dire qu'il n'y a rien à cacher.

— Comment vous expliquer? C'est du domaine privé... Les personnes ne tiennent pas à ce que cela se sache.

— Ce sont des clochards?

— Vous plaisantez! Des clochards, il y en a aussi mais ils sont à la porte de l'église.

— Et le jour à l'intérieur. Je les connais.

— Tout cela est bien loin de Delacroix! soupire-t-il avec une pointe de reproche.

CHAPITRE II

La conférencière

— Vous avez devant vous le testament spirituel de Delacroix…

Le groupe de bourgeoises vieillissantes qui s'entretiennent sévèrement à coups de culture physique et d'arides cours sur la peinture se tait. Comme la gym, l'apprentissage tardif de l'art est une mortification : il exige concentration et implique une morale de l'ennui qui peut être prise pour de la rigueur. Une forme d'héroïsme aussi, rachetée, il est vrai, par la pratique du travail en groupe. Exercice collectif, l'aérobic culturel se doit aussi d'être exécuté avec un fond de plaisanteries qui créent l'unité de la cellule ; il est de bon ton de prendre ces manières pour de l'humour.

Les propos de la conférencière qui emmène la petite troupe ne sont pourtant ni insipides ni monotones. Elle ne manque pas d'éloquence et ne dédaigne pas les formules irrévocables lorsqu'elle sent un fléchissement de l'attention. L'allusion au « testament spirituel » crée quelque effet et communique aux membres du groupe une excitation. La petite bande, qui commençait à se disperser par essaims au milieu du transept, s'est soudain ressoudée. Un testament spirituel sur un mur, voilà un phénomène assez inhabituel, même dans une église.

Je connais cet instant par cœur. Numéro bien rodé. À présent, elle va garder le silence, tel un chef d'orchestre qui ordonne non seulement la suspension des toux, mais aussi l'adhésion totale du regard, des âmes. Certes, elle le fait de manière moins despotique, elle va prendre un air boudeur comme pour faire payer à son petit monde sa dissipation de tout à l'heure.

Tombant par hasard sur cette visite guidée, j'avais tiqué la première fois sur la formule du « testament spirituel ». Elle aurait pu préciser que Maurice Barrès en était l'auteur. Après avoir fait taire son monde, elle citait le nom seulement à cet instant. Barrès, le génie tutélaire de la chapelle des Saints-Anges ! On juge expédient de s'abriter derrière l'auteur du *Mystère en pleine lumière*. Il a écrit un de ces textes hautains, vigoureux et sonores mais certainement contestables quant à la signification de la scène peinte par Delacroix. La chose n'a aucune importance. L'essentiel n'est-il pas l'usage qu'en fait une conférencière du Louvre? Barrès est un fracas qui en impose. Le silence qu'elle réussit à établir et même à maintenir pendant quelques minutes indique qu'elle a éveillé la curiosité du groupe.

La plupart voient la peinture de Delacroix pour la première fois. Tout est fait pour désappointer le néophyte. Il hésite à entrer dans l'église. Les immenses entre-colonnements de la façade lui ont fait peur. Une fois le seuil franchi, le martèlement cotonneux de la porte retentit. Le sombre engourdissement de caveau propre aux lieux de culte n'a pas le temps d'opérer; d'ailleurs Saint-Sulpice ne dégage pas cette odeur de cave humide, ce parfum douceâtre et fade d'eau bénite croupie et de cire chaude caractéristique de nos églises.

Cette niche vide, est-ce bien la chapelle de Delacroix? Deux panneaux de 7,50 sur 4,85 mètres. Surprise des visages où se lit surtout la déception. D'emblée, l'énergie de *La Lutte* ne parvient pas à s'imposer. Une résistance enveloppe la chapelle comme une foudroyance muette, accablée. Face-à-face dégrisant : la pensée ne parvient pas à porter une appréciation ou même à se frayer un chemin. À l'instar de la caravane que Delacroix a dessinée sur le mur. Fascinante, cette procession qui jaillit pour se dissoudre dans le lointain puis pour apparaître brièvement au détour d'un ravin! Insaisissable, ce cortège mine lentement la muraille. Il la travaille et la dévore.

De l'époque des travaux il subsiste toujours dans cette chapelle un caractère offensif, une absence d'apaisement, comme si la tour mobile d'échafaudages qu'utilisait le peintre venait d'être démontée de la paroi.

La conférencière m'avait aussitôt intrigué. Elle aussi semblait chercher. Le démon de la curiosité la poussait à fouiner, à scruter les visages quand elle parlait. Au bout de la cinquième ou sixième fois, lorsque je compris son manège, il me fallut bien l'aborder.

Je crois pouvoir identifier à peu près tous les familiers de la chapelle. Je ne fais pas fatalement leur connaissance. Ce serait impossible. Et puis à quoi bon? Je ne tiens pas le registre des entrées et des sorties. Je ne suis pas le portier des Saints-Anges. « Malheur à l'écrivain qui dit sur un sujet tout ce qu'on peut dire », note Delacroix à la fin de son *Journal* (une phrase qu'il a relevée chez Voltaire). L'orgueil se plaît à vouloir tout traiter, à ne rien oublier. Delacroix ne cesse de répéter qu'en peinture, comme dans tous les autres arts, il importe de savoir amputer, sacrifier.

La quinzaine de femmes qui composent le groupe se rangent derrière la conférencière. Chairs laiteuses et regards noirs, fard du maquillage et sombres affublements trop fermement boutonnés, l'ensemble, entretenu à la crème régénératrice et aux baumes hydratants, apparaît roide et blafard à la lumière. Les autres visiteurs se taisent. Ils se disent qu'ils vont pouvoir profiter des commentaires — les gens prennent un soudain intérêt à n'importe quel spectacle dès lors qu'il est gratuit! Mais, toujours, au bout de quelques minutes, ils ne pensent plus à ce qu'ils croient être une bonne affaire, s'ennuient et s'éclipsent.

Maintenant que le silence est total, la conférencière consent à parler. Elle cite une autre phrase de Barrès. Elle articule les mots avec une certaine emphase. « Barrès a écrit que *La Lutte* était "une page d'autobiographie suprême, résumé de l'expérience d'une grande vie, testament de mort inscrit par le vieil artiste sur le mur des Anges". »

J'ai vite remarqué sa propension à se cacher derrière les citations. Barrès et évidemment Baudelaire... Impossible d'échapper à Baudelaire lorsqu'il est question de Delacroix. Et pourtant, son commentaire sur la chapelle des Saints-Anges n'est pas ce qu'il a écrit de plus pénétrant sur lui. On l'a vu en meilleure forme dans sa défense de l'auteur de *Médée*. Derrière l'éloge de rigueur perce une incompréhension.

La guide ne cite d'ailleurs pas l'article de Baudelaire, mais comme d'habitude son fameux quatrain tiré des *Fleurs du mal* :

> Delacroix, lac de sang hanté des mauvais anges,
> Ombragé par un bois de sapins toujours vert,
> Où, sous un ciel chagrin, des fanfares étranges
> Passent, comme un soupir étouffé de Weber[1].

À cet instant, le groupe s'énerve et commence à se disperser. La conférencière déclame trop. Par sa précision, le nez aquilin fait ressortir le caractère scrutateur et impérieux du regard. Elle peut passer pour laide, de ces laideurs auxquelles bizarrement on finit par s'habituer : un mélange d'aisance et d'autorité qui se donne pour de la distinction. Par la suite, je n'avais pas manqué de lui faire remarquer que ces vers de Baudelaire convenaient assez mal aux peintures de Saint-Sulpice.

— Expliquez-moi ! Où avez-vous vu le « lac de sang » ? Où sont les « mauvais anges », le « bois de sapins », le « ciel chagrin » ?

— Il n'y a rien à expliquer, avait-elle répondu avec un sourire insolent.

— Pourquoi faites-vous cela ?

— Pour meubler ! avait-elle rétorqué froidement.

Ce détachement m'a finalement rendu service. Il m'a obligé à regarder autrement *La Lutte*. À son insu — mais de cela je ne suis même pas sûr — elle a élucidé le manque d'enthousiasme de Baudelaire. Aux Saints-Anges, le poète

1. « Les Phares ».

des *Fleurs du mal* ne retrouve pas le peintre de la douleur et de la cruauté qu'il révère. Ce Delacroix religieux ne dit rien qui vaille à l'auteur du *Mauvais vitrier*, même s'il fait semblant de l'admirer. Il le porte aux nues pour n'en point débattre. Peut-être Baudelaire n'a-t-il pas compris ce Delacroix sulpicien.

Dans une lettre, le peintre remercie le poète qui a su saisir les effets mystérieux de la ligne et de la couleur. Il lui sait gré de n'avoir pas opposé ces deux notions comme on le fait habituellement. L'auteur de *La Lutte* fait pourtant une remarque en observant que « les critiques, bons sujets, veulent comprendre afin de pouvoir démontrer ». Une pierre dans le jardin de Baudelaire? Depuis le début, j'ai le sentiment que cette chapelle est la grotte des malentendus, le saint lieu des méprises, l'oratoire des fausses apparences. Cette confusion me ravit.

« *Retire-moi de la boue! Que je n'y reste pas enfoncé.* » L'inscription orne l'entrée de la chapelle des Saints-Anges.

— Vous ne trouvez pas que l'Ange de *La Lutte* est salement musclé?

— Salement! Que voulez-vous dire? s'étonne la conférencière en pouffant de rire.

— Vous me comprenez très bien. Arrêtez de détailler ses mollets et ses cuisses dans vos commentaires! On dirait qu'il n'y a que cela qui vous intéresse, chez l'Ange. C'est une créature céleste, ne l'oubliez pas, fais-je faussement sévère.

Elle s'énerve. Je le vois à sa façon fébrile de relever son sac à main sur l'épaule.

— Que me reprochez-vous à la fin?

— J'essaie de comprendre. La signification de la scène vous semble totalement indifférente!

— L'exégèse n'est pas ma partie, rétorque-t-elle.

Elle ajoute d'un ton enjoué :

— En tout cas cette chapelle est très excitante.

— Excitante!

— Oui. Elle dégage quelque chose de très sensuel.

— D'érotique, pendant que vous y êtes.

— Pourquoi pas? Avez-vous lu *L'Étreinte* de Philippe Vilain? me demande-t-elle.

— Non.

— Connaissez-vous Annie Ernaux?

— Oui.

— Justement, dans ce roman, l'auteur imagine une scène d'amour avec elle, sous cette peinture.

— Ça ne doit pas être facile. L'endroit est très passant. À moins de faire vite... Ou de se laisser enfermer la nuit.

— L'auteur ne donne aucune précision à ce sujet, dit-elle avec son étrange sourire congelé qui ne manque pas de grâce.

Je trouve cet érotisme un peu camelote. Du mauvais Huysmans! Tous ces films sataniques américains ont perverti jusqu'à nos conférencières du Louvre.

Elle tire son sac à main, les yeux pleins de colère, la voix sifflante.

— Moi aussi, figurez-vous, j'observe depuis longtemps votre manège. Cette façon indiscrète que vous avez de rôder autour de cette chapelle, de surveiller ce qui s'y passe comme si vous en étiez le gardien ! Je trouve cela inquiétant. Que cherchez-vous ? On dirait un flic qui veut nous mettre la main au collet. Pourquoi ne faites-vous pas des contrôles d'identité à l'entrée ?

— Très drôle ! Vous me prenez pour un voyeur ou un maniaque diocésain !

Elle s'esclaffe puis reprend cet air réfrigérant qui lui donne un certain chic.

— Ce sont les autres que vous prenez pour des voyeurs. Vous regardez les visiteurs comme s'ils étaient attirés dans cette chapelle par une curiosité malsaine. Il faut voir comment vous les dévisagez ! D'autres que vous ont bien le droit de s'intéresser à Delacroix. Je vois dans cette attitude l'expression d'une grande vanité, blague-t-elle.

Elle me tourne le dos et me laisse en plan devant *La Lutte*.

L'Ange qu'affronte Jacob est sur le point de valdinguer. Héliodore se casse la figure. Elle doit penser qu'elle m'a fait mordre la poussière. Je jette un dernier regard sur l'inscription à l'entrée de la chapelle : « *Retire-moi de la boue ! Que je n'y reste pas enfoncé.* »

On s'embourbe volontiers dans ce coin de Saint-Sulpice : moi le premier. Plus on avance, plus on s'enlise.

« Jésus épuisé retombe. » Septième station du chemin de croix, la chapelle marque la deuxième chute du condamné. Elle est placée sous le signe de la dégringolade, de la déconfiture, du renversement. Les pierres se détachent et obligent régulièrement à protéger l'entrée des Saints-Anges — les goguenots du souffleur d'orgue ont pendant des décennies imbibé le plafond et sont la cause de cet effondrement.

En avril 1999, la société Entrepose s'est enfin résolue à démonter les échafaudages destinés pendant des années à protéger la voûte. La pierre a été remise à neuf mais la fuite est toujours là. À présent, c'est la tour nord qui est enserrée d'un pansement de gaze soutenue par des tubes métalliques et protégée par des porte-gravats. Les travaux ne commenceront qu'en 2002.

CHAPITRE III

La douleur et l'extase

À la boulangerie paternelle, on ne parlait guère de peintres, non plus d'ailleurs que de musiciens ou de poètes. Mais nous entretenions des rapports sans cérémonie avec les anges. Ils étaient partout. Nous les fréquentions. Relations socialement au-dessus de nous, discrètes, plutôt arrangeantes. À l'église, nous chantions des cantiques en leur honneur. Au patronage, nous les imitions dans les saynètes que nous interprétions. Notre curé tenant beaucoup à cette présence ailée lors des Fête-Dieu, nous nous déguisions en membres de la cohorte céleste. Nous avions aussi chacun notre ange gardien. Il pleurait silencieusement quand nous commettions une mauvaise action.

La peinture m'apparaissait comme une activité surnaturelle. Elle me fut révélée la première fois dans le *Petit Larousse*, un des rares livres avec la Bible de Jérusalem que nous possédions à la maison. Mon père, champion de mots croisés, le consultait sans cesse. Des tableaux célèbres y étaient reproduits, sans couleurs, dans un ton brun sépia crépusculaire. Tout en les assombrissant, il leur donnait un caractère aride et mystérieux.

Ma première vraie rencontre avec les tableaux eut lieu au musée de Rennes, sur le chemin de mon collège. J'y étais entré par hasard pour tuer le temps, ayant raté la séance de cinéma. L'endroit me plut surtout à cause de son silence et de l'odeur de vieux maroquin qui se dégageait des salles désertes. Les pas soulevaient les lames de parquet : elles émettaient un bruit de menuiserie agréable et rassurant. Le musée s'enorgueillissait de toiles de Philippe de Champaigne et de La Tour mais seul Rubens et sa *Chasse au tigre* peinte pour l'Électeur de Bavière m'intéressa.

Je suis resté fidèle à Rubens. Non pour ses femmes opulentes — le réduire à ses grosses Flamandes est une idiotie —, mais à cause de sa facilité. Ce brio, la vie même, est naturel. Il me semble le signe d'une innocence à jamais perdue. J'ignorais alors que Rubens était le peintre favori de Delacroix : ses chasses lui avaient servi d'exemple pour de nombreuses scènes d'animaux sauvages.

J'eus connaissance de Delacroix par mon *Lagarde et Michard* (classe de première). Les *Massacres de Scio* y figurait. Le beau torse de la femme, à droite, attachée à la selle du cavalier turc, me troublait beaucoup. J'ai appris plus tard qu'elle se nommait Émilie Robert. Le peintre ne l'appréciait pas seulement pour ses talents de modèle.

Delacroix, peintre de la douleur et du plaisir. Je n'avais pas encore compris que ces corps offerts à l'ardeur des coups et des ébats m'étaient familiers, mêlés à toute ma jeunesse. L'hématome et l'extase, la bestialité et le ravissement, la fusion de la douleur et de la béatitude composaient l'histoire de ces saints, de ces mystiques, de ces martyrs que les prêtres exaltaient. Cette religion menaçante annonçait des supplices dans l'au-delà mais savait déployer aussi une liturgie triomphale et sensuelle. À travers la dévotion à Marie, « nouvelle Ève », elle ne cessait de glorifier la femme. En même temps, il n'était question que de la faute originelle, de la détresse de l'homme déchu.

Du mystère de l'Incarnation, c'est le mot chair que je retenais surtout. D'ailleurs il n'était question que de ses « faiblesses », de son « aiguillon ». Il fallait à tout prix la mortifier, vaste défi car elle était omniprésente. On disait « l'œuvre de chair » pour désigner l'union de l'homme et de la femme (*« L'œuvre de chair ne désireras, Qu'en mariage seulement »*, prescrivait le neuvième commandement). *Corps* mystique du Christ, *corps* de l'Église, cette religion usait décidément beaucoup du physiologique même dans sa part la plus spirituelle. Dans l'accomplissement des fins suprêmes, c'est l'image de notre substance matérielle qui, une fois de plus, prévalait : résurrection des *corps*. Où était passée l'âme ?

On nous répétait qu'il fallait dompter nos sens, je comprenais que je devais les apprivoiser et, pour tout dire, en rendre familier l'exercice. Cette misère de l'homme racheté par l'amour, ces malheurs chantés avec tant d'allégresse dans les hymnes repris par la voix tonnante de l'orgue me paraissaient des douleurs exquises.

Tous ces interdits délimitaient mon existence. Le partage entre le Bien et le Mal était limpide. Le remords chaperonnait la faute, l'aveu escortait le repentir. Et, tout au bout, le *happy end* du pardon. Quelle autre croyance aurait pu rivaliser avec cette religion si miséricordieuse? Ne permettait-elle pas au pécheur de replonger et d'obtenir indéfiniment l'amnistie?

Étais-je pour autant préparé à Delacroix? Il a écrit un jour : « L'homme est si bizarre qu'il trouve dans le malheur même des sujets de consolation et presque du plaisir. » L'auteur de *La Barque de Dante* n'a cessé de dépeindre la faute inaugurale, « l'entremangerie universelle ». Ses toiles mettent en scène la sauvagerie des hommes. Elles désignent la part maudite. Delacroix mesure le désastre du monde. Par la grâce, il est parvenu lui aussi à le sauver de la destruction.

Insensiblement tout allait m'entraîner vers celui dont la peinture, a si bien noté Baudelaire, « ressemble à un hymne terrible composé en l'honneur de la fatalité et de l'irrémédiable douleur ». Mais cette « irrémédiable douleur » qu'il a représentée suffisait-elle pour que je m'en éprenne? Peut-être m'a-t-il fait saisir aussi la duplicité fondamentale du mal qui déforme et transforme le monde. La malfaçon originelle continue l'œuvre du Créateur. La faute ne rend pas toujours coupable : son pouvoir actif aide à se défendre contre l'agression du monde. L'apôtre Paul ne dit pas autre chose : « Là où le péché a proliféré, la grâce a surabondé. »

Évidemment Delacroix n'avait rien professé de tout cela, il l'avait peint. « Quand j'ai fait un beau tableau, je n'ai pas écrit une pensée. C'est ce qu'ils disent. Qu'ils sont simples », s'insurgeait-il à ses débuts contre les critiques. Alors qu'il travaille aux *Massacres de Scio*, il semble préférer parmi toutes les couleurs le « bon noir, cette heureuse saleté ». Quelques lignes plus loin, il note en parlant de lui : « Il y a un vieux levain, un four tout noir à contenter. » L'ombre et la lumière, le romantique et le classique, la mesure et la démesure : Delacroix a toujours vécu dans l'accord de ces raisons opposées. Tellement symétriques dans leur opposition qu'elles finissent par en devenir simplistes. De l'imagination il disait que c'était « la reine du vrai ». Dans un acte indivisible, il a su réunir ces contradictions; elles ont eu chez lui une action énergisante. Ces résistances ont agi comme un pouvoir ordonnateur.

D'où son côté insaisissable. « C'est l'instable qui est le fixe », disait-il. Il voulait peindre « l'éclat d'une épée ». Delacroix, c'est le génie électrique : il trace l'éclair, décharge la foudre. Difficile de décrire cette énergie et cet emportement mis en évidence par les forces attractives et répulsives. Il y a chez Delacroix une impatience toujours maîtrisée, l'impression que la matière, trop lourde, ne va pas assez vite. À ses débuts, il passait pour un excité; son pinceau était comparé à un « balai ivre ». C'est dans cette tension admirablement résolue qu'il s'est construit.

Je me souviens de cet instant, à l'Art Institute de Chicago, où, un peu hébété par tant de beautés répétées, j'entrai dans la galerie Worcester. L'illumination. L'un des murs étincelait. On aurait dit qu'il était piqueté de gemmes. Les pierreries jetaient de sombres éclats. Ces scintillements ne pouvaient provenir que de Delacroix : il s'agissait du *Combat du Giaour et Hassan* et d'une *Chasse aux lions.*

À chaque fois le même phénomène se reproduit. J'obéis à une sorte d'intuition. Dès lors qu'un musée héberge des Delacroix, nul besoin de me les indiquer. Leurs embrasements déploient un champ magnétique qui m'attire irrésistiblement. Je vais voir une toile de Delacroix comme si j'allais assister à un duel. Cette compétition intérieure est un spectacle dont je ne me lasse jamais. « Delacroix fut toute sa vie en art ce qu'on appelle en politique un fait de guerre », notait Alexandre Dumas dans une causerie qu'il donna après la mort du peintre.

Ces combats ramènent toujours au défi le plus difficile de son existence. La même force magnétique aimante le visiteur vers *La Lutte*. Parfois, un attroupement se forme. « Tiens, que se passe-t-il? Mais que font-ils ces deux-là? » se demande le badaud qui accourt pour voir la scène et repart déçu, inapte à trouver un sens à ce pugilat.

Quand je débarque dans une ville inconnue, je me renseigne aussitôt sur l'existence d'un musée. C'est une obsession. J'ignore ce que je cherche. Peut-être l'odeur perdue du musée de Rennes, les effluves de la chasse de Rubens. Ce parfum entêtant, un peu aigre et camphré d'huile de lin rancie, en même temps suave, je sais bien que c'est l'odeur de la mort. Tous les musées ont le même fumet : il n'a rien à voir avec le moisi ou le croupi, c'est l'odeur d'une vie qui s'en est allée. Peut-être l'odeur du sang (Napoléon qui jouissait d'un sens olfactif très développé avait remarqué que le sang sentait la poussière).

« Tu retourneras en poussière... » D'avoir respiré cette odeur crayeuse et asséchante, d'une fadeur si plaisante, un peu métallique aussi, je ressors toujours l'esprit vidé. Vidé des idées que mon cerveau contenait avant d'entrer. Je me suis ainsi constitué peu à peu une géographie personnelle et probablement saugrenue de la peinture, qui doit peu aux livres d'art, encore moins à l'esthétique contemporaine. Pourquoi d'ailleurs une géographie? Pourquoi pas une zoologie? (« Et si c'était un animal? ») La géographie a l'avantage de classer et de répartir. Par triangulations successives, je me suis aperçu que j'avais dressé ma propre cartographie où artistes, écoles, époques, genres formaient des continents baignés par des océans, des promontoires, des récifs. Logiquement, Delacroix devrait être une montagne. Or, c'est un défilé. Inquiétant, il laisse passer des rais de lumière.

La Lutte de Jacob avec l'Ange disparaît dans un défilé. La force de cette peinture s'enracine dans les trois arbres cyclopéens qui dominent la scène mais sa destination finale s'accomplit dans cette gorge aux contours vaporeux. Le convoi formé des serviteurs, des troupeaux, des fils et des épouses de Jacob va s'engouffrer tout à l'heure dans ce couloir. Lorsque les premiers cavaliers pénétreront dans le passage étroit, le combat sera terminé. Au bout du tunnel, la Terre promise... Tout est suspendu à cet instant. Il appartient à un temps interdit, inviolable. Moment sacré parce qu'il fait durer les choses. Ce flux que dessine la caravane, ce ruissellement sont dirigés vers la vallée encaissée. Delacroix les a fixés dans un éternel présent.

J'ignorais la peinture mais je connaissais la Bible sur le bout des doigts, expression qui convient bien pour décrire cette façon que j'avais de l'ouvrir d'un coup de pouce à la bonne page, de pointer l'index sur le passage recherché. Au pensionnat, les prêtres me confisquèrent un jour cette Bible de Jérusalem que mes parents avaient consenti à me prêter. Le contact direct avec l'Écriture ne plaisait pas à ces hommes d'Église. Eux seuls étaient admis à la commenter. Eux seuls avaient autorité à l'interpréter. Nous n'avions droit qu'à une version édulcorée qu'on nommait « Histoire sainte ».

Sur le coup, je ne compris pas les raisons de cette interdiction. Je croyais que ces hommes d'Église, par ailleurs fort puritains, avaient voulu censurer la lecture de passages torrides tel le Cantique des Cantiques que je fréquentais, il est vrai, avec ferveur. Comme beaucoup d'adolescents des années 50, reclus dans leur village et bridés par une morale étroite, je ne lésinais pas sur les moyens de m'affranchir. La sexualité et surtout l'érotisme me furent révélés par la Bible. L'Ancien Testament déborde, comme chacun sait, d'histoires de coucheries, de déflorations, d'onanisme, de viols, d'incestes. Cette violence m'effrayait, m'émerveillait.

Néanmoins, la Bible était pour moi un monde rassurant, parfaitement balisé. Je savais où j'allais. J'avais beau l'ouvrir au hasard, je ne me trouvais jamais en pays inconnu. Un seul verset suffisait pour m'orienter. La Genèse commençait rudement avec ce Dieu exigeant qui finissait par s'adoucir au bout de sept cents pages lorsqu'on entrait dans le Nouveau Testament. Les choses sérieuses, nous signifiait-on, commençaient avec le Christ.

L'« Histoire sainte », version biffée de l'Ancien Testament, inlassablement dévidée au catéchisme, était tenue pour un pur divertissement. Les ruses de Jacob, les tours de force de Moïse, les errements du roi David, l'intrépidité des Maccabées, nous étaient racontés comme des contes orientaux, une sorte de récit des *Mille et une Nuits* en attendant l'enfant de Bethléem. Derrière le merveilleux de ces histoires censurées perçait une secrète jalousie, une rancœur qui n'osait dire son nom. Le héros de cet extraordinaire feuilleton était bien le peuple juif que Yahvé avait élu. Comme Schéhérazade, il fallait tenir jusqu'à l'Évangile de Matthieu qui ouvrait le Nouveau Testament.

Tous ces récits détenaient un sens latent qu'il importait de mettre au jour soi-même. Quelle était la vérité de ces histoires? Que signifiaient-elles?

La Bible possède un pouvoir comminatoire. On ne peut se contenter de la lire. Vient un moment où le lecteur est obligé de se compromettre. Contraint à soulever lui-même le rideau. C'est sans doute de cette injonction que m'est venue cette passion pour le dévoilement (et les romans policiers). La clé de ces apologues, le sens de ces anecdotes, la portée de ces coups de théâtre sont souvent obscurs et sujets à discussion. La pratique de l'Ancien et du Nouveau Testament m'a accoutumé à la recherche de l'intention cachée, laquelle ne peut qu'aboutir au surgissement d'une vérité. Cette manie interprétative née de la mise en demeure biblique n'est pas pour autant un jeu gratuit : derrière l'apparence, chercher inlassablement la preuve, et remonter au plus haut vers l'origine.

Enfant, l'histoire de Jacob m'avait troublé. Le futur père des douze tribus, le patriarche biblique n'était au départ qu'un fraudeur. Sa dissimulation, sa fourberie étaient racontées froidement, avec une nuance presque admirative. Cette façon si drôle qu'il avait de ravir à son frère Ésaü le droit d'aînesse ne semblait pas attrister le narrateur. Ce roublard allait être à l'origine du nouveau nom du peuple de Dieu ! Une chose m'étonnait dans cette affaire : comment la bénédiction divine pouvait-elle s'accomplir dès lors qu'elle avait été volée ? Que faisait Dieu dans tout cela ? C'est lui qui octroyait cette faveur. N'avait-il pas le pouvoir de l'ôter ? Je n'avais pas encore compris que Dieu avait délié sa créature. À chaque homme il incombait de faire ou non son salut.

Nul besoin d'être un spécialiste de l'exégèse biblique pour se rendre compte qu'un trait profond partage en deux la vie de Jacob. Avant et après le passage du Yabboq. Avant la rencontre avec l'Ange, ce ne sont que tours de passe-passe et tricheries. Après le combat, le fils d'Isaac n'est plus le même. Marqué à jamais dans sa chair. La luxation de la hanche atteste sa métamorphose. Vainqueur mais blessé. La meurtrissure témoigne du pacte avec Dieu, l'écharde dans la chair dont parle l'apôtre Paul. Pour lui la mutilation est la trace indélébile du péché originel.

On ignore pourquoi Delacroix a choisi le personnage de Jacob. Le 28 avril 1849, il est officiellement chargé par le ministère de l'Intérieur d'exécuter les peintures murales qui décoreront la chapelle des Fonts-Baptismaux (c'était alors son nom). La dénomination n'a rien d'anodin. Cette confusion perturbera l'artiste. Après avoir longtemps réfléchi, il avait choisi des sujets liés au péché originel lavé, comme on le sait, par le sacrement du baptême.

Delacroix a cinquante et un ans. Louis-Napoléon est président de la République depuis cinq mois. Ce n'est pas pour déplaire au fils de Charles Delacroix, préfet du premier Empire. Pour la quatrième fois, il vient d'échouer à l'Institut. Artiste reconnu, admiré même. Ses toiles sont pourtant bon marché. Pour son travail à la chapelle des Saints-Anges il recevra la somme de 26 826 francs.

On se méfie de Delacroix. Il n'entre dans aucune catégorie. Faux romantique, vrai classique, à la fois mondain et misanthrope, familier du Prince-Président et ermite de la forêt de Sénart, âme ardente et manières réfrigérantes, bourgeois aisé, avisé en affaires, mais menant une existence sobre, le peintre de l'énergie et de la mélancolie a toujours vécu dans le duel des contraires. Il a tiré profit de cette ambiguïté fondamentale sur laquelle il exerce un contrôle absolu.

Depuis peu, Delacroix a repris la rédaction de son *Journal* interrompu en 1824. Cette providentielle et paradoxale entreprise dévoile sans révéler, tout en dissimulant. On se perd parfois dans l'énumération de figures aujourd'hui tombées dans l'oubli. De ces partis pris féroces et mesquins de grand bourgeois, de cette sténographie laborieuse d'une émotion trop souvent contrôlée (surtout dans la seconde partie) se dégage parfois un certain ennui. Rien de plus envoûtant pourtant que cette relation quotidienne des faits et réflexions de l'artiste. On y apprend finalement peu de choses sur l'homme Delacroix. Il s'extériorise rarement. Il n'est pas du genre à se regarder vivre. S'il s'observe, c'est pour se critiquer. Mais quel observateur lucide et pénétrant de la nature humaine ! Dans cette âme dégoûtée parfois jusqu'au nihilisme, la misanthropie s'accompagne de la plus exquise des politesses. Cette urbanité, si impertinente pour qui sait en saisir les nuances infinies, est sa façon à lui de mystifier son monde.

La décoration de Saint-Sulpice lui tient à cœur. Il apprend que la chapelle, improprement appelée chapelle des Fonts-Baptismaux à cause de la cuve des baptêmes qui s'y trouve provisoirement, est dédiée à saint Sulpice, patron de la paroisse. Le 2 octobre 1849, elle change encore de nom, et se trouve placée cette fois sous l'invocation des saints Anges. Delacroix s'en montre très irrité. Il a le sentiment que le curé de Saint-Sulpice multiplie à plaisir les obstacles. La méprise l'oblige à tout revoir et à rechercher d'autres thèmes : « La juste colère que j'ai ressentie m'a cassé bras et jambes », écrit-il.

Meurtrissure, courroux : il a trouvé étrangement, sans s'en douter, le leitmotiv des deux peintures qui orneront la chapelle. La luxation à la hanche de Jacob, la fureur des anges qui fustigent Héliodore. Les deux compositions sont un assaut contre une muraille. Avant de savoir ce qu'il va peindre, Delacroix engage une bataille contre une paroi nue, inégale, poreuse. Cette chapelle sent la poudre. Comment l'investir ? Plus exactement, comment l'envelopper afin de la vaincre ? Le travail de préparation l'obsède. « Pour imprimer le mur de l'église, huile de lin et non autre, bouillante, blanc de céruse et non pas blanc de zinc qui ne tient pas. L'ocre jaune sera la meilleure impression » (*Journal*, 8 juin 1850).

Il ne parle que d'enduits, de préparation. Et le sujet? Mystère. Le 5 octobre 1850 il consent enfin à dévoiler son choix. Dans une lettre à un ami, le peintre Constant Dutilleux, il évoque non seulement *La Lutte de Jacob avec l'Ange* et *Héliodore*, mais aussi le plafond qui aura pour motif *L'Archange saint Michel terrassant le démon.*

Un passage de cette lettre ne manque pas d'intriguer : « Les sujets religieux, entre tous les genres d'attrait qu'ils présentent, ont celui de laisser toute carrière à l'imagination, de manière à ce que chacun y trouve à exprimer son sentiment particulier. »

D'emblée, il convoque l'imagination et ses multiples représentations. Il importe avant tout de brouiller les pistes. En somme, chacun interprétant à sa guise, l'artiste peut d'autant mieux garder son secret! Mais qu'a-t-il donc à cacher? À cette époque, il ne le sait pas lui-même. Le moins qu'on puisse dire, c'est qu'il n'est pas pressé d'en découdre avec le mur vide. De 1850 à 1854, absorbé par une autre commande, la décoration du salon de la Paix à l'Hôtel de Ville, il négligera la chapelle des Saints-Anges.

Le 16 juin 1854 se produit un événement capital. Ce jour-là, Delacroix consigne dans son *Journal* : « Andrieu a commencé à Saint-Sulpice. »

CHAPITRE IV

« Une traînée lumineuse… »

Décembre 1993. Dès le début de l'office funèbre, je me suis posté près de la chaire. La bourrasque cogne entre les portes et parvient même à éteindre les cierges. Parfois, la flamme rétrécit pour ne plus former qu'un pâle filament. Alors que la dernière trace d'incandescence est sur le point de disparaître, la mèche grésille, l'éclat s'allonge et renaît.

Cependant, les cierges des Âmes du Purgatoire résistent mal au courant d'air. Leur flamme expire en fumant. Elles charbonnent et répandent dans l'église une odeur grasse de laiterie et de térébenthine.

J'ai un faible pour cette chaire, chef-d'œuvre de l'ébénisterie du XVIIIe. Depuis Vatican II, les prédicateurs l'ont désertée. Il est vrai qu'on pourrait avoir des doutes sur sa solidité : elle n'est portée que par deux fragiles escaliers latéraux. L'abat-voix en chêne assure pourtant une bonne propagation du son et confère une excellente acoustique à l'église. Achevée à la veille de la Révolution, la chaire témoigna de sa robustesse pendant la Terreur. Du haut de cette tribune, le curé de Saint-Sulpice proclama son refus de prêter le serment de la Constitution civile du clergé. Les tribuns révolutionnaires s'y relayaient volontiers pour haranguer la foule.

Pendant la Commune, elle fut le théâtre de nouveaux affrontements verbaux. Une faction surnommée Club de la Victoire avait choisi Saint-Sulpice comme quartier général. Sa figure la plus célèbre, Louise Michel, y électrisait ses fidèles depuis la chaire. Néanmoins, le culte catholique continua d'y être célébré. On s'affrontait à coups de *Marseillaise*, tandis que les fidèles répondaient en chantant *Parce Domine*. On vit même un jour deux gamins monter à la tribune pour annoncer que Dieu n'existait pas. Le citoyen président du Club leur succéda, proclamant qu'il n'y avait plus désormais que deux partis en France : les jésuites et les démocrates. « L'un d'eux doit disparaître, c'est aux vainqueurs d'exterminer les vaincus[1]. »

« *Geste de foi et d'espérance* », dit le prêtre devant l'assemblée recueillie. De quel geste parle-t-il ? L'assistance est composée pour la plupart d'hommes mûrs et de vieillards aux cheveux longs et calamistrés. Elle affiche une élégance bohème quoique soignée : cols d'astrakan, écharpes de soie blanche, foulards flamboyants, macfarlanes, manteaux de cachemire. Les rares femmes arborent toques et manchons. La touche d'excentricité est plus appuyée que l'opulence. Je reconnais dans l'assistance la conférencière de la chapelle des Saints-Anges. Sa tenue jure parmi l'assemblée. Elle est ha-

1. *Le Français,* 18 mai 1871.

billée de noir, dans le style mortification distinguée qui est, comme on le sait, l'expression du Yves Saint Laurent sulpicien. Peu de visages affligés, bien qu'il s'agisse d'un service funèbre. Ni chagrinés ni malheureux, tout au plus ennuyés et surtout appliqués, presque studieux, comme si tous ces mirliflores s'acquittant d'un devoir ou sacrifiant à une lubie voulaient se persuader de l'importance de la cérémonie.

J'ai le sentiment que, depuis sa fondation, cette église est vouée à l'inhabituel. *La Messe de l'athée* se déroule à Saint-Sulpice. C'est à ce titre insolite de Balzac que je dois, jadis, d'être entré dans *La Comédie humaine* — et de n'en être depuis lors jamais sorti. Il y a ce moment extraordinaire où Horace Bianchon, étudiant en médecine, surprend son maître, le grand chirurgien Desplein, incroyant notoire, entrer dans l'église. Il le suit et le voit entendre la messe à la chapelle de la Vierge. Bianchon se demande s'il n'a pas rêvé. Il a l'idée de revenir l'année suivante à la même date et à la même heure. Desplein est bien là, il suit dévotement l'office. Alors Bianchon interroge le sacristain : depuis vingt ans, le célèbre médecin vient quatre fois par an entendre cette messe. « Il l'a fondée. » Ce mot m'a toujours frappé. Quel est le secret de Desplein? Balzac qui sait ménager ses effets nous le révèle à la fin.

L'office mortuaire auquel j'assiste laisse à penser que le défunt est décédé depuis longtemps. L'assistance ne porte pas le deuil. Visages contraints mais, au total, assez peu désespérés.

« Nous ne voulons, ni vous ni moi, arracher à Delacroix son secret le plus intime. » Voilà, c'est lui. Cent trente ans après sa

mort, une messe est célébrée à sa mémoire. L'hommage n'aurait pas déplu à ce voltairien qui aimait tant la pompe catholique avec une prédilection pour l'office des morts. Fils des Lumières, le peintre appartient par son ascendance paternelle à la bourgeoisie républicaine imprégnée de scepticisme.

« Dans cette église où il a souffert et peiné, enveloppé de la prière des fidèles et de la musique grandiose de cet orgue que faisait alors chanter le maître Georges Schmitt, dans cette église où vous avez voulu vous retrouver pour prier ensemble et faire mémoire de lui, nous le confions lui-même et, avec lui, tous vos amis défunts… »

Le prêtre fait allusion aux défunts de la Société nationale des Beaux-Arts dont Delacroix fut l'un des fondateurs. Créée en 1862, elle compta parmi ses membres Degas, Maurice Denis, Rodin, Camille Claudel, Fauré, Saint-Saëns… *« Quelles que soient les circonstances qui l'ont conduit à peindre en cette église, on peut penser qu'il n'est pas anodin qu'il ait justement choisi de peindre, par deux fois, le combat de l'homme et de Dieu… »*

L'orgue joue le *Dies irae* qui exaltait tant Delacroix pendant qu'il peignait la chapelle des Saints-Anges : le vent sous les portes, les flambeaux vacillants, l'assistance d'un autre âge, l'air funèbre sur lequel l'organiste se plaît à broder avec tant de dextérité. Tous ces signes semblent repousser le présent. Ils revivent dans une sorte d'hallucination, ressuscitant le monde qu'aimait Delacroix. Saint-Sulpice garde encore aujourd'hui cette mélancolie dorée et impétueuse qu'a connue le peintre lorsqu'il travaillait, juché sur son échafaudage. L'église est propice à ces visions flottantes. Est-ce dû à cette lumière de morte-eau? L'imagination erre dans ces courants de marée sans jamais sombrer, la clarté agit comme une source de vie. S'opère une sorte de photosynthèse; elle métamorphose les peintures de toutes les chapelles, même les plus médiocres. L'énergique et morbide XIXe siècle, cette province démodée où quelques hommes de ma génération aiment encore à se réfugier. La muraille morne des Saints-Anges qu'il faut animer, le silence des confessionnaux où le moindre bruit devient vacarme, le grand orgue...

L'orgue est un instrument à remonter le temps. Pourquoi donne-t-il l'impression d'abolir la durée? Dans les années 50, j'actionnais les soufflets de l'orgue paroissial derrière le chœur. Il n'y avait pas d'électricité, les réservoirs d'air étaient mis en mouvement à l'aide d'un levier qu'il fallait promptement actionner. J'ai compris bien plus tard que ce monde dans lequel je vivais appartenait encore au XIXe siècle. Un XIXe siècle immobile et rassurant qui avait perdu en chemin la religion du progrès probablement trop fatigante.

J'ai appris à lire dans *Le Tour de France par deux enfants*. Cet ouvrage, qui a éduqué des générations de jeunes Français avant et après la guerre de 14, restait encore en usage à l'école de mon village dans les années 50. Nous étions à la traîne, ni fiers ni humiliés de l'être. Sans doute était-il moins épuisant d'en demeurer aux grandes inventions du début du siècle que l'auteur célébrait comme promesse d'un avenir radieux. Nous avions beau être des enfants, nous savions bien à quoi nous en tenir sur la suite. Cette illusion rétroactive avait probablement une valeur pédagogique.

Le temps était rythmé comme cent ans auparavant par la sonnerie des cloches, la fête patronale de Saint-Pierre, le cours des « fêtes fixes et mobiles », l'indulgence des quarante heures toujours arrêtée au dimanche suivant l'Ascension, les processions, le mois de Marie, les semailles et les moissons. J'habitais, au sud de Rennes, une petite principauté villageoise dont le chef était un curé gras et excellent latiniste. Il menait ses ouailles par la terreur. Nous étions sans cesse menacés de l'enfer et du feu éternel. Mais, en bon meneur d'hommes, il savait que l'intimidation ne suffisait pas. Pour nous dédommager du supplice futur des damnés, il déployait une magnificence digne des grands princes de l'Église. Les messes dominicales étaient interminables mais il savait tromper notre impatience par une liturgie fastueuse qui nous bluffait tous.

D'où le saint homme tenait-il ce sens inné de la grandeur? Nous sortions de l'église un peu hébétés. Je regagnais pour ma part la boulangerie familiale enivré par le tumulte de l'orgue, l'or des chasubles, l'odeur capiteuse de l'encens. Sans parler de ces parfums endimanchés qui alourdissaient si agréablement l'atmosphère de l'église : odeur épaisse de brillantine et de cosmétique Pento des hommes, senteurs chyprées des femmes longuement parées.

Notre passage sur terre avait beau n'être qu'une vallée de larmes comme on nous le répétait, cet état transitoire n'était pas fait pour me déplaire. Cette pastorale de la trouille, je l'avoue, m'a peu traumatisé. Nous n'étions que de pauvres pécheurs. Loin de me culpabiliser, la pensée que la faute était partout devait me procurer un sentiment de plénitude. J'ai grandi avec l'idée que Dieu est bon. Il nous aime et il nous pardonne. Religion remarquable qui repêche inlassablement le coupable. Enfant, je relevais que le sort du pécheur était plus enviable que celui des saints. Eux ne chutaient jamais. Je les plaignais. Je trouvais qu'ils ne profitaient guère de notre courte vie terrestre.

Les principes qu'on nous inculquait souffraient de nombreuses transgressions. Les infractions surabondaient. Elles m'ont sans doute guéri de cette hantise de l'absence et du vide qui marque l'expérience de cette fin de siècle. Paradoxalement, mon éducation chrétienne m'avait peu préparé à la souffrance et à la mort.

Dans son *Journal*, Delacroix évoque la possibilité de travailler le dimanche à l'église. Il lui faut la permission des autorités religieuses. Pourquoi le dimanche? Il y a des messes chantées, le fond mélodieux l'inspire et même l'enivre lorsqu'il travaille. Il revient à la charge un mois plus tard. Un certain abbé Coquant fait obstacle, se montre intraitable. L'autorisation lui est refusée. Il ira jusqu'à solliciter l'intervention de l'Empereur et de l'Impératrice. En vain.

En 1857, alors que Delacroix travaille aux Saints-Anges, la voix du grand orgue se tait pour six années. Depuis longtemps, l'instrument rendait l'âme; touches, mécanismes, tuyaux étaient à bout de souffle. Pour sauver le chef-d'œuvre de Clicquot, on fit appel au grand facteur de l'époque, Cavaillé-Coll. Il effectua un relevage, puis entreprit la restauration complète de la soufflerie et des équipements sonores, inventant de nombreux systèmes. La machine métamorphosée atteindra le chiffre magique de cent jeux qui en fera le chef-d'œuvre de la facture moderne d'orgue.

L'aumônier des artistes évoque à présent les sociétaires défunts en les désignant par leur nom. Gustave Doré, Foujita, Marquet, Matisse, Rodin, Sisley côtoient des peintres aujourd'hui tombés dans l'oubli. Qui était par exemple Jean Couy? J'aime le côté théâtral, et pour tout dire apprêté, de cette énumération. Ces noms sont honorés avant tout comme des défunts, non comme des célébrités. Mélange assez réussi de cabotinage et d'émotion. Affecté dans le ton, raide et sentimental dans l'expression! C'est peut-être notre façon de remuer la mémoire nationale. Nous frissonnons par l'emphase. Il nous faut déclamer pour être touché.

L'énumération de l'aumônier participe de ce culte des totems, figures protectrices, survivance d'un passé archaïque que l'on caresse et invoque comme porte-bonheur national.

L'église Saint-Sulpice devrait représenter un de nos monuments fétiches auxquels on attribue vaguement un pouvoir bénéfique comme vestige de la splendeur passée. Pourquoi cet édifice où furent baptisés le marquis de Sade et Baudelaire est-il toujours exclu? L'hagiographie nationale ne veut pas en entendre parler. On préfère l'emblématique cathédrale Notre-Dame, énorme trompe-l'œil patriotique, avec ses gargouilles et son bric-à-brac hugolien, Jean qui rit et Jean qui pleure du chauvinisme français : un jour *Te Deum*, le lendemain *Miserere*. Notre tempérament impressionnable, notre hystérie cocardière se logent trop aisément sous les voûtes de Notre-Dame.

Saint-Sulpice est si loin de ces exaltations. Mais ce pays cartésien déteste la mesure. Pour cette raison, il désavoue le classicisme de Saint-Sulpice. Cette architecture accable ou met mal à l'aise. Au sujet du classicisme, le critique d'art

André Chastel a parlé d'« une tristesse spécifiquement française[1] ». En soulignant les vertus d'élimination, ce style fait ressortir la privation, le manque, le vide. On y voit une impuissance congénitale, d'où ce sentiment de mélancolie qui ne dit pas encore son nom et qui n'est peut-être que l'amère volupté du renoncement.

Saint-Sulpice inquiète. Impérieusement son esthétique fixe des limites. Aucune exubérance, aucun débordement. L'inutile est rejeté. Le retranchement envisagé comme une amputation effraie. Plus de cent colonnes peuplent néanmoins la façade, s'avançant au-delà du seuil sans que cette profusion se remarque.

Saint-Sulpice la mal-aimée ! Déjà au XVIIIe siècle, on critiquait les tours étrangement éloignées l'une de l'autre déséquilibrant l'ensemble. « Elles assomment le fronton », accusait un certain abbé Gougenot.

> Je hais les tours de Saint-Sulpice
> Quand je les rencontre
> Je pisse
> Contre

Les vers de Raoul Ponchon en font la risée des églises parisiennes. Le commerce d'objets religieux, un cléricalisme étroit et dominateur ont longtemps fait prendre en grippe le quartier de « la grande chasublerie », comme l'appelait Alfred Jarry. Il est significatif qu'un esprit généreux

---

1. Cité par Bruno Foucart, in *Patrimoine et passions identitaires*, sous la présidence de Jacques Le Goff (Fayard).

comme Jacques Le Goff, notre bon ogre historien, bute comme tant d'autres sur cette construction. Incomestible. Trop dure à avaler. « Je me demande ce que j'en pense au fond et si j'ai envie de me faire arrêter par la police pour outrage aux bonnes mœurs ou si je n'éprouve pas le besoin compissatoire[1]. »

Manque d'ombre et de mystère? Trop française? Dans un texte sur « La mystique de Saint-Sulpice[2] », Henri Ghéon, l'un des fondateurs de la N.R.F., vante la clarté de cette architecture qui convient si bien à notre tempérament : « Rien ne se cache ici sous des ornements empruntés. Le lieu du culte central forme un tout, avec ses piliers et ses voûtes, un tout lisible, un tout logique, un tout lumineux et un tout fermé. » Il compare la grande nef à « un sermon de Bossuet ». Peut-être, mais qui a envie aujourd'hui d'entendre un sermon, fût-il de Bossuet?

Pour compliquer le tout, il y a Delacroix. Officiellement il est la fierté de ce sanctuaire, son certificat de conformité. Grâce aux Saints-Anges, Saint-Sulpice est ajustée à l'époque, c'est même pour cela que les touristes entrent dans l'église. Il y a autre chose : son ambivalence. À la fois église et scénographie, édifice sacré et jeu : quiconque franchit la théâtrale entrée est tenu de participer. On y est autant spectateur qu'acteur, a remarqué Henri Ghéon.

Saint-Sulpice est hors d'échelle. On a toujours vu trop grand. Tant de prodigalité oblige à arrêter les travaux en

1. *Patrimoine et passions identitaires*, *op. cit.*
2. *In* Gaston Lemesle, *L'Église Saint-Sulpice.*

1678. Ils ne reprendront qu'en 1719. Le système d'appareillage est énorme, l'épaisseur de la voûte qui culmine à trente-trois mètres, démesurée. Les bas-côtés et le déambulatoire ressemblent à un fleuve immense, presque infranchissable qui s'enroule entre la nef et les chapelles latérales.

Aucune esplanade ne met autant en valeur à Paris la théâtralité d'une église. Servandoni avait projeté de créer une grande place entourée d'un ensemble architectural dont il ne subsiste qu'une seule trace : un bâtiment à l'angle de la rue des Canettes, siège naguère des Éditions Robert Laffont. L'immeuble — où mourut Servandoni — se dresse comme l'ultime pan d'un décor qui eût été pour l'église la plus brillante des scénographies.

La sonnerie des cloches où domine la voix grave du bourdon annonce la fin de l'office. Cela n'attriste pas trop l'assistance, heureuse d'en finir. Un groupe de personnes s'attarde cependant à la chapelle des Saints-Anges, comme pour marquer le coup. L'éclairage électrique trop cru les empêche d'admirer *La Lutte de Jacob avec l'Ange*. Ces lumières, une calamité, aveuglent.

La nuit est tombée depuis longtemps. La lueur des cierges met en relief le modelé des visages. À l'entrée de la chapelle, la conférencière bavarde avec un rapin un peu vermoulu, mais coquettement vêtu. Il exhibe une lavallière qui bouffe exagérément sur son maigre torse. Ses cheveux argentés semblent poudrés à frimas. Ils rebiquent avec grâce à la nuque. On peut trouver de la noblesse à ses gestes empreints d'une certaine grandiloquence. Il fait penser à l'Aragon d'après Elsa.

Les bijoux de la conférencière lancent des éclats dorés qui adoucissent la sévérité du masque et tempèrent la dureté du visage. Son air détaché, légèrement goguenard, peut être séduisant. L'instant d'après, la physionomie se fait violente, dépositaire d'une malédiction qui dénote une personnalité exigeante et fragile à la fois. Il s'en dégage une affectation, une allure fatale, malheureuse qui n'en demeure pas moins piquante. Le noir, chez elle, possède un caractère impudique. L'austérité qu'elle étale a quelque chose de trouble, comme si cette froideur voulait signifier autre chose.

Le sacristain va fermer l'église. Il s'avance posément vers les retardataires pour les obliger à emprunter la sortie. Ce barrage est imposé avec une autorité silencieuse.

Instant poignant que celui où l'église se vide pour retomber dans le silence. Cet espace hésitant, où les bruits étouffés de la ville parviennent encore par vagues mêlées aux battements de la porte à tambour, décline en des modulations de plus en plus infimes pour cesser brusquement dans la solitude de la nuit. C'est l'heure *expirante*. Ce présent égaré où tout va s'évanouir est pour moi un moment pathétique. Seule scintille la lumière du tabernacle de la chapelle de la Vierge.

S'il est vrai que Saint-Sulpice n'est plus tout à fait inhabitée, l'ampoule mystérieuse signale un manque, une vacance : la manifestation invisible s'efface pour tous les hommes, mais en s'échappant au regard du monde, elle continue de se produire dans les ténèbres du sanctuaire.

Que se passe-t-il dans une église, la nuit, lorsque les hommes l'ont désertée? Aucune fantasmagorie, si ce n'est la Présence, qui n'est pas une représentation imaginaire ou illusoire. Je la vois comme les premiers versets de la Genèse, lorsque Dieu créa le ciel et la terre et que son esprit « planait à la surface des eaux ». Quelle extraordinaire image que ce survol de l'esprit au-dessus du presque néant, cet œil divin rêvant ou perdu dans une abstraction qu'il va bientôt animer, cette blancheur infime, un peu grise qu'il entreprend de noircir, ce gros œuvre cosmique qu'il entrevoit déjà dans le chaos.

Une église met du temps à exister. Aussi vaste et vide qu'un désert, elle se peuple pour devenir une jungle de plus en plus épaisse. Aujourd'hui encore y fructifie une végétation d'ex-voto, de statues, de candélabres, de pancartes, d'enseignes post-conciliaires. Ces plantes religieuses prospèrent dans le moindre recoin, orientées vers le sombre et le caché comme un tropisme à l'envers. L'air confiné est lourd des implorations, de la fumée noire des cierges, des souvenirs d'encens, de l'odeur des vêtements. On voit certaines chapelles s'étioler, l'autel se vider. Les fidèles ont déserté, mais la moiteur des dévotions, les larmes des suppliants y laissent une trace persistante.

Delacroix confie dans son *Journal* qu'il aime beaucoup les églises : « C'est l'ancienneté qui les rend vénérables : il semble qu'elles sont tapissées de tous les vœux que les cœurs souffrants y ont exhalés vers le ciel. »

« Les cœurs souffrants... » Il a certainement aimé les retrouver à Saint-Sulpice. On dirait que cet agnostique est convaincu du dogme de la communion des saints : la mise en commun de la souffrance comme de l'amour rachète l'humanité.

« Dieu est en nous », écrit-il quelques mois avant sa mort. Il ajoute : « C'est cette présence intérieure qui nous fait admirer le beau. » Autrement dit, le génie est une faveur divine. Malheur à ceux qui ne sont pas élus !

Il y a du janséniste chez Delacroix. Le déterminisme augustinien, le sentiment de la profonde corruption de l'homme et de sa condition tragique, auxquels est opposée une religion de l'exigence, de l'absolu et de la rébellion, hantent les pages du *Journal*.

Au moment où il commence la chapelle des Saints-Anges, il assiste, le 2 novembre 1854, à la messe des morts à Augerville, chez son cousin l'avocat Berryer. Les Béatitudes l'impressionnent vivement, en particulier le *Beati pauperes spiritu*, bienheureux les pauvres d'esprit. On ne peut pas dire que cette simplicité du cœur ait été la vertu dominante de Delacroix, nature orgueilleuse, âme complexe, toujours entravée par la peur d'être dupe. « Son génie correspondait parfaitement à notre religion, religion profondément triste, religion de la douleur universelle », remarque Baudelaire.

Cette définition s'applique à l'art sulpicien. S'il est pourtant une œuvre peu sulpicienne, c'est bien *La Lutte de Jacob avec l'Ange*. Pour la décoration des autres chapelles du sanctuaire, c'est une autre affaire. On y sent l'empreinte d'Ingres, le grand rival de Delacroix, et surtout de ses disciples, les Mottez, les Pichon, les Lafon. Sont-ils si affreux ces « peinturleurs » qui inspiraient tant de mépris à Huysmans ? Les chapelles qu'ils ont décorées se trouvent en piètre état, surtout dans la partie nord de la nef où les voûtes sont maculées de coulures provoquées par la pluie. Seules les fresques de la chapelle Saint-Roch et les décorations de Delacroix ont pu être restaurées — dans les chapelles sud, il ne pleut pas.

Ingres a failli être le voisin de Delacroix; il fut envisagé un moment de lui confier la décoration de la chapelle des Âmes du Purgatoire, voisine des Saints-Anges. Ingres avait pour principe de ne refuser aucune commande. Pour les exécuter, il se faisait beaucoup prier; le travail finit par échoir à François-Joseph Heim. Lui n'est pas un « peinturleur ». Son chemin a souvent croisé celui de Delacroix. Ils cohabitent étrangement à Saint-Sulpice. Aujourd'hui la peinture de Heim est entièrement carbonisée, comme si l'embrasement de *La Lutte,* de l'autre côté du mur, avait été trop ardent. Sa composition s'intitule *La Prière pour les morts.* On dirait qu'il y a eu un incendie dans cette chapelle. Placée sous l'invocation des Âmes du Purgatoire, il y fait aussi noir qu'en enfer.

Pour ajouter à cette ambiance lugubre, Heim a représenté, en face sur l'autre mur, *La religion exhorte le chrétien à souffrir.* On peine en la regardant car il n'y a plus grand-chose à voir, tout juste des ombres, des figures grises, un fond guenilleux. La *Pietà* de Clesinger collée au vitrail a tout obscurci. Il est en grande partie responsable de l'atmosphère renfrognée qui règne dans l'oratoire. Clesinger était le gendre de George Sand. « Un butor », selon Delacroix qui avait la dent dure.

Au moment où Delacroix commence, Heim a depuis longtemps fini son travail dans la chapelle attenante. Nulle mention des collègues dans le *Journal*, nulle impression sur Saint-Sulpice, son architecture, son atmosphère. Il s'en moque. Il travaille dans son coin. Il n'a de considération que pour l'orgue, plus exactement pour l'harmonie qu'il produit.

La cérémonie funèbre à laquelle je viens d'assister me fait penser à la tendresse de François Mauriac pour le sanctuaire. Dans un passage du *Bloc-notes* voici comment il relate l'enterrement de Francis Poulenc : « Je pensais à lui doucement dans ce Saint-Sulpice qu'au temps de ma jeunesse, Huysmans nous avait appris à trouver laid et que j'ai toujours aimé et que je préfère aujourd'hui à toutes ces églises de Paris. » Étonnante, cette façon de Mauriac d'associer la musique de Poulenc à Saint-Sulpice ! « Comme cette architecture sulpicienne, elle innove moins qu'elle ne continue, [...] tout s'y retrouve d'une spiritualité très haute, et pourtant d'un charme, d'une grâce et d'une frivolité qui n'est au fond qu'une pudeur. »

Mauriac parle de frivolité à propos de Saint-Sulpice. Il est bien le seul à avoir aperçu la « face Servandoni », cette apparence à la fois emphatique et légère. Aisance, fluidité en même temps que réserve. On retrouve la même ostentation tempérée d'ironie dans *La Lutte de Jacob avec l'Ange* : l'air railleur, l'ange tient à distance cet écervelé de Jacob.

Un autre passage dans le *Bloc-notes* a trait à Saint-Sulpice qui me rappelle le service funèbre à la mémoire de Delacroix. Mauriac raconte l'enterrement de son précepteur, M. Carreyre, un prêtre qui fut aussi son professeur de philosophie au collège Grand-Lebrun à Bordeaux. « Le vieux sulpicien qui est étendu là, je songe qu'il avait entendu les cigales de mon enfance, respiré l'odeur de marécage du ruisseau dans ces nuits resplendissantes d'autrefois. » Rien ne m'émeut plus que cette évocation : le catafalque du vieux maître, exposé dans la travée principale, et cette impression de bonheur suscitée par le souvenir des cigales de Saint-Symphorien. Il m'arrive souvent d'aller entendre leur chant — ma maison landaise est toute proche de la vieille demeure de la famille Mauriac, baignée par la Hure, un ruisseau en vérité, mais quand on a lu *Le Mystère Frontenac* elle est aussi majestueuse qu'un fleuve.

Tout finit à Saint-Sulpice. Les fastueuses nuits d'été, leur odeur de résine chaude... Rien n'est perdu, elles embaument encore. Dans la chapelle de la Vierge, on sent leur empreinte; quelques touches d'encens grillé et de cire comme si tous les parfums de l'église venaient mourir dans le chœur pour nous enivrer. Cette Vierge du sculpteur Pigalle, Mauriac la trouvait pourtant « peu admirable ».

Pour les fidèles, la chapelle de la Vierge semble éclipser les Saints-Anges — il est vrai qu'elle est stratégiquement mieux placée que la chapelle de Delacroix située à l'entrée, en plein courant d'air. J'en veux un peu à Mauriac de négliger les Saints-Anges. Il a si bien parlé par ailleurs de Delacroix en évoquant les « trois fleuves de feu » qui traversent ce qu'il appelle « l'empire » du peintre. *« Libido sentiendi, libido sciendi, libido dominandi »* (désir de sentir, désir de savoir, désir de dominer).

Un éclair de lumière traverse la chapelle des Saints-Anges. Battement de la porte d'entrée dont le grondement se désintègre avec mélancolie dans la nuit. C'est fini ! L'église est mise sous clé. Une nouvelle vie commence. Le roulement des battants conserve encore sa puissance sonore, son souffle se réverbère une dernière fois sous les voûtes.

Au milieu des ténèbres, Saint-Sulpice brille de toutes ses facettes. Ce scintillement se diffuse par les verrières des chapelles. Elles sont éclairées par les projecteurs du dehors qui la font chatoyer dans la nuit comme un diamant noir.

Le 16 juin 1948, la foudre tombe sur le paratonnerre de la tour sud. Dans son rapport, l'architecte des Monuments historiques signale qu'« une traînée lumineuse s'est propagée à l'intérieur de l'église jusqu'à la lampe qui se trouve sur l'autel ».

CHAPITRE V

L'hôtel de Dieppe

« Andrieu a commencé à Saint-Sulpice. » Le 16 juin 1854 le coup d'envoi est donné à l'une des plus singulières aventures artistiques du second Empire. Pierre Andrieu a été l'élève de Delacroix avant d'en être, à partir de 1850, le collaborateur.

Il y a vingt ans, l'un de ses agendas a été découvert. De 1852 à 1853, l'assistant avait inscrit les directives données par le maître sur la technique et la couleur. Ces notes indiquent que Delacroix avait au départ une idée très claire non seulement sur les scènes à représenter — c'est plus tard qu'il s'est perdu —, mais aussi sur les nuances et les tons :

> Jacob
> Ciel — vers le haut bleu de Prusse
> et blanc — tons violets terre d'ombre.

De ces consignes se dégage une beauté elliptique dont la concision semble associer deux réalités : le métier, mais surtout une énigme cachée suggérée par les images et les couleurs. Prises sous la dictée du maître, ces phrases décousues, sans ponctuation, mélangent des formules incantatoires mallarméennes avant l'heure (« Ange, ombre de la chair ») en même temps que des détails prosaïques.

Pierre Andrieu, fidèle compagnon des dernières années, fut-il, comme on l'a dit, ce « polisson » qui, après la mort de Delacroix, n'hésita pas à attribuer au maître les esquisses qu'il avait lui-même exécutées ? Delacroix avait confiance en son « petit clerc » et se reposa volontiers sur lui dans la phase préparatoire.

Andrieu est le témoin capital. Il a aperçu ce que personne d'autre n'a vu. Delacroix l'a admis à la connaissance de l'entreprise, sans jamais lui en avoir révélé la teneur. Dans le huis clos de la chapelle fermée au public pendant des années, Andrieu, spectateur et exécutant, livrera par bribes un message qu'il ne comprend pas.

Delacroix écrit le 25 juin 1854 : « J'ai été voir à Saint-Sulpice ce qu'Andrieu a tracé. Tout s'ajuste à merveille et je crois que cela ira fort bien ; le départ est excellent. » Le travail d'Andrieu, l'initié ignorant, consistera par la suite à mettre les esquisses au carreau, à les reporter sur le mur, à exécuter la grisaille et à donner de l'épaisseur aux couleurs.

Les débuts transportent Delacroix. Dès qu'il franchit la porte de Saint-Sulpice, il se sent exalté. « Mon cœur bat plus vite quand je me trouve en présence de grandes murailles à peindre » (30 juin).

Les murailles. Il en discourt comme s'il se trouvait au milieu de mines et de machines de guerre. Au-delà des métaphores guerrières, il y a aussi chez lui un goût du pari, l'attrait pour la difficulté dont il faut triompher. Jamais pour ses autres peintures — même pour *La Mort de Sardanapale* — il n'a évoqué un tel enjeu. Qu'a-t-il à gagner — ou à perdre — dans cette entreprise? Il n'en dit mot. L'ouvrage lui importe plus que tout.

Alors qu'il travaille à Saint-Sulpice, il s'interroge dans son *Journal* sur « cette singulière passion pour la solitude qui semble si fort en opposition avec les dispositions bienveillantes poussées à un degré presque ridicule ». Lui qui avoue être « nerveux et irritable » analyse bien cette contradiction : « Je veux plaire à un ouvrier qui m'apporte un meuble; je veux renvoyer satisfait l'homme avec lequel le hasard me fait rencontrer, que ce soit un paysan ou un grand seigneur » (1er juillet 1854). Cet acharnement à plaire trahit l'homme qui réclame d'être aimé à tout prix. Au fond, le dandy dédaigneux et glaçant n'est pas très sûr de lui. Par-dessus tout il désire présenter à autrui l'image de la perfection — l'impuissance sexuelle ne cesse de le hanter. S'analysant sans cesse, cette âme inquiète a peur de décevoir en même temps qu'elle se méprise d'une telle faiblesse. De tels épanchements sont assez peu fréquents sous sa plume. Curieusement ils surviennent alors qu'il commence les travaux à Saint-Sulpice.

Deux semaines plus tard, il interrompt l'ouvrage et part pour Dieppe avec Jenny Le Guillou. Ils résident à l'hôtel du Géant, puis au 6, quai Duquesne. Depuis 1835, elle est sa servante. Laide, rogue, dévouée. Delacroix chérit ce cœur simple et prend plaisir à l'emmener avec lui dans ses promenades — elle ne fut jamais sa maîtresse contrairement à une rumeur propagée par un élève du peintre. Il a voulu qu'elle l'accompagnât à Dieppe non pour le servir, mais pour qu'elle se rétablît car sa « santé est très mauvaise » (Baudelaire affirme avoir surpris un jour Delacroix au Louvre expliquant à sa vieille servante les mystères de la sculpture assyrienne).

Saint-Sulpice reste en plan. Ce ne sera ni la première ni la dernière fois. Il a besoin du spectacle de la mer pour réfléchir, observer, sentir. Il regarde les bateaux, évalue la marée, scrute les mouvements du ciel, les ombres sur la mer. Il note tout sur son calepin. Il s'ennuie aussi.

Après un séjour de cinq semaines à Dieppe en compagnie de sa gouvernante, il est revenu à Paris. Il dîne le soir chez Véry, le traiteur à la mode : « Le vin y était plus mauvais qu'à Dieppe. »

Il n'y a pas que la littérature, la musique ou la métaphysique. « Eugène Delacroix était en même temps qu'un peintre épris de son métier, un homme d'éducation générale », relève Baudelaire. Le *Journal* est semé de réflexions sur la gastronomie, l'œnologie, l'art du cigare. Sur ces sujets-là, le grand homme ronchonne souvent. Il se plaint : la cuisine dégénère, le bordeaux est trop cher. Un mauvais havane a gêné son inspiration ! « L'infâme digestion est le grand arbitre de nos sentiments », note-t-il avec un prosaïsme assez inhabituel. Sur le chapitre de ses sentiments, Delacroix demeure discret. Cette date du 2 octobre 1854 où il s'attaque à la muraille des Saints-Anges est très révélatrice. Revenant de chez Véry, il consigne dans le *Journal* : « Excepté un seul être au monde qui fait battre mon cœur, le reste me fatigue vite et ne laisse pas de traces. » Quelle est donc cette personne qui trouve grâce à son cœur? Il ne mentionne pas son nom mais nous savons qu'il s'agit de Jenny, la servante, son « garde du corps ».

Le peintre ne s'est jamais marié. « La souveraine plaie de la vie, c'est cette solitude inévitable à laquelle le cœur est condamné. Une épouse qui soit de votre force est le plus grand des biens. Je la préférerais supérieure à moi, de tous points, plutôt que le contraire », écrivait-il déjà en 1823. Il avait vingt-cinq ans.

On a beau jeu, au gré du *Journal*, de signaler son goût pour les modèles ou les amours ancillaires. Dans sa jeunesse, il usait de puériles circonlocutions telles que l'italien *chiavatura* (tour de clé, en précisant le nombre : jamais plus de deux) pour désigner l'acte sexuel. Intéressant ce mot de fermeture pour nommer le coït. L'amour, une manière de se murer. Bien avant Saint-Sulpice, il verrouille. « J'aurais besoin d'une maîtresse pour mater la chair d'habitude », notait-il alors.

La chair d'habitude! Bien trouvé pour qualifier cette sensualité dont il faut venir à bout. Mais, dans cette viridité des débuts, Delacroix ne fut pas toujours cet être contenu que nous laisse entrevoir la peinture de Saint-Sulpice. Dans une lettre adressée à Stendhal en 1831, Mérimée décrit ainsi une bordée en compagnie de « six filles *in naturalibus* » : « Votre ami Delacroix était frénétique. Il haletait, pantelait et voulait les embrocher toutes à la fois. Sans le respect qu'on doit au papier, je vous dirais de drôles de choses de son enthousiasme érotique. » C'est vrai qu'on a du mal à l'imaginer en bambocheur.

Parmi les femmes que Delacroix a aimées, une parmi d'autres retient l'attention par son nom mirobolant : Alberthe de Rubempré. Balzac a-t-il pensé à elle en écrivant *Illusions perdues*? (C'est un évêque nommé Rastignac qui en 1745 consacra l'église Saint-Sulpice enfin achevée.) Poupillier, le héros des *Petits-Bourgeois*, dernier roman (inachevé) de Balzac, est suisse à Saint-Sulpice.

Le prénom Alberthe me plaît beaucoup, surtout avec ce *h* un peu germanique qui surcharge élégamment le tout comme un bijou de fantaisie. Elle adorait d'ailleurs les colifichets. Ce n'était pas un nom de lionne ou de demi-mondaine. Elle se prénommait réellement Alberthe et avait épousé un comte de Rubempré. Vague cousine de Delacroix, elle fut aussi la maîtresse de Stendhal et de Mérimée; un triplé aussi prestigieux mérite notre admiration. « C'est une femme fort extraordinaire, très spirituelle, jolie et brouillée avec son mari. Elle n'a que vingt-quatre ans. D'ailleurs, elle fait profession d'une grande franchise et elle cause de tout comme un homme », écrit Mérimée.

Trente-quatre ans plus tard, à l'époque de la chapelle des Saints-Anges, Delacroix la reverra : « J'ai été voir la bonne Alberthe, que j'ai trouvée sans feu, dans sa grande chambre d'alchimiste, et dans une de ces toilettes bizarres qui la font ressembler à une magicienne. Elle a toujours eu du goût pour cet appareil nécromancier, même au temps où sa beauté était sa plus véritable magie. » Notation empreinte d'une mélancolie pour le moins distante bien dans la manière de Delacroix. Alberthe a l'idée un jour de venir surprendre son ancien amant aux Saints-Anges, mais renonce vite craignant de le gêner.

Alors âgé de cinquante-cinq ans, il n'est plus homme à s'apitoyer. Les élans du cœur le fatiguent. Il a la tête ailleurs. Depuis belle lurette il ne marivaude plus. Il entretient des liens affectueux avec Joséphine de Forget, sa liaison la plus durable commencée en 1834. Fille de Lavalette, héros d'une fameuse évasion sous la Restauration[1], cette Joséphine est encore une cousine de Delacroix — il a un nombre incroyable de cousins et de cousines ! Il l'appelle « la Consolatrice », ce qui est à moitié flatteur pour elle. Elle soulage, distrait, adoucit, réconforte, mais c'est à peu près tout. Dans ses lettres il l'appelle « Bonne chérie ». Delacroix a besoin de cette coquette pour lui changer les idées. Elle fréquente les salons. Lui, le solitaire, adore qu'elle lui raconte les potins. Comme beaucoup de misanthropes, c'est un être curieux d'autrui : la ménagerie humaine est un beau sujet d'observation. « Vos lettres sont encore une des grandes distractions de ma vie ici », écrit-il.

Ici, c'est Champrosay, la maison près de Paris où il aime à se retirer. À la lisière de la forêt de Sénart, cette retraite occupe une place de première importance dans le travail et la conception de *La Lutte de Jacob avec l'Ange*. Souvent le ma-

1. Condamné à mort en 1815, il reçut la visite de sa fille et de son épouse qui prit sa place. Il put sortir de la prison déguisé en femme.

tin, il part de Champrosay, prend le train à la gare de Ris pour se rendre à Saint-Sulpice et revient le soir pour dormir dans son ermitage qu'il chérit par-dessus tout.

En ce mois d'octobre 1854, il est décidé à se consacrer sérieusement à *La Lutte*. L'enthousiasme qu'il manifestait au retour de Dieppe est vite retombé. Il n'a pas encore résolu les problèmes d'enduit. À l'architecte Victor Baltard, directeur des travaux de Paris et du département de la Seine, il a adressé, en juin, une lettre pressante : « Permettez-moi d'insister sur la nécessité des couches que je vous ai demandées pour les murailles : vous en mettriez une quantité beaucoup plus considérable que vous n'empêcheriez pas l'absorption, j'en suis convaincu. » L'absorption, sa hantise. L'énergie d'un peintre peut disparaître dans un mur qui avale avec gloutonnerie la moindre préparation liquide.

Delacroix est en guerre. Il assiège une place. Aussi emploiera-t-il souvent le mot de muraille — plutôt que mur. Pendant ses longues années passées à Saint-Sulpice, la chapelle deviendra un camp retranché. Une prison. Elle sera d'ailleurs fermée par une palissade. Le peintre se barricadera pour mieux s'emparer du rempart qui se dérobe. Il emploiera sept années en travaux d'approche, sept années à escalader les versants ouest et est de la chapelle. Il dévissera souvent. Pourquoi veut-il à tout prix terminer? Malade, il sera à plusieurs reprises sur le point d'abandonner. Alors que tout est prêt et qu'il va emporter d'assaut en 1860, il se confie ainsi à son cousin, l'avocat Berryer : « Un travail qui est devenu le cauchemar de mes jours et que je n'achèverai probablement jamais. » Cette geôle, il l'a choisie. Il la prend en horreur.

« Le grand ennemi, c'est l'humidité des murs : en somme, les murs sont détestables pour toute peinture. L'huile, pénétrant à une grande profondeur, peut pallier l'inconvénient. » Toujours cette peur d'être englouti, dévoré !

À peine débarqué à Paris, il part pour Augerville pendant deux semaines chez Berryer. Ce château situé près de Malesherbes a joué aussi un rôle majeur dans la vie de Delacroix, en particulier lorsqu'il travaillait à Saint-Sulpice.

Orateur légitimiste et figure de l'opposition royaliste — Barbey d'Aurevilly l'appelait « la vieille actrice de la légitimité » —, Berryer a défendu le prince Louis-Napoléon en 1840 après le coup de Boulogne. Comédien, un peu m'as-tu-vu, très coureur et plutôt sympathique, il a acheté Augerville en 1825. C'est un château Renaissance, un temps la propriété de Jacques Cœur, l'argentier de Charles VII. Delacroix apprécie cette retraite. Elle convient à son tempérament d'ours bien léché. Il peut à la fois mondaniser et s'isoler. Déjà venu en mai, il s'est amusé à faire quelques croquis du château. Chateaubriand, Musset, Lacordaire ont séjourné dans le passé à Augerville.

Delacroix est fasciné par le plafond de sa chambre orné d'une fresque représentant le Grand Condé à cheval, au moment de la Fronde. « Ces peintures sont d'une fraîcheur étonnante; les dorures rehaussées n'ont point souffert », s'enthousiasme-t-il. D'un tempérament très blagueur, Berryer se montre ravi du bon tour qu'il a joué à son cousin.

Cette fresque est en fait l'œuvre d'un contemporain de Delacroix qui s'est amusé à pasticher le XVIIe.

Les mondanités l'amusent puis l'impatientent. Il se plaint que la vie de château l'empêche de travailler : « La solitude seule, et la sécurité dans la solitude, permettent d'entreprendre et d'achever. » Le *Journal* rend bien compte à cette époque des contrariétés qu'il éprouve. « Je me sens très isolé et cette situation m'inquiète encore davantage pour l'avenir [...]. J'aime une foule de personnes que je vois avec plaisir, mais il faut qu'elles arrivent à propos. » Parmi les familiers d'Augerville figure une cousine de Berryer, Mme Jaubert qui a laissé des *Souvenirs* parus en 1881. Elle est à l'origine de la légende attribuant à Talleyrand la paternité du peintre. Cette rumeur colportée après la mort de Delacroix semble avoir eu peu de crédit de son vivant.

Saint-Sulpice va encore rester en plan. Delacroix ne reprendra l'ouvrage que dix mois plus tard, en juillet 1855. L'œuvre n'avance pas. Il est accaparé par d'autres tâches. Artiste aimant par-dessus tout son labeur, il est en outre très scrupuleux. Mais le programme infernal qu'il s'est imposé n'explique pas tout. Il recule devant l'heure de vérité. Il doute. Le sujet se dérobe. Bref il a peur.

Dieppe. Quai Duquesne, numéro 6. Septembre 1994. L'adresse de Delacroix est aujourd'hui un café, Le Chalut. Des buveurs fument au bar, l'air absent. Il règne dans l'établissement une odeur surie de croque-monsieur mélangée à l'âcre fumée des cigarettes brunes. Le patron ignore que Delacroix a habité le premier étage.

— C'est un peintre, lui dis-je.

— Il est célèbre?

— Rappelle-toi, intervient un client, c'est celui qui était sur les billets de cent balles.

— Être sur un bifton, c'est pas à la portée de n'importe qui! déclare le patron.

Ses gestes, auparavant rapides, deviennent très lents, il pose doucement les verres vides sur le bar, prend un air rusé et entendu. Son expression est soucieuse : peut-être se dit-il qu'un pactole dort au premier étage.

— Alors, c'est un peintre! Comme ça, je vais décoller les papiers peints du premier.

Où a-t-il pu dénicher cette histoire de papiers peints? À la télé, bien sûr. Il me parle d'un hôtel breton où l'on a découvert, derrière une tapisserie, des peintures qui « valaient une fortune ». Je finis par comprendre qu'il s'agit de la maison Henry, au Pouldu. L'établissement a servi de pension à Gauguin et à d'autres artistes de l'École de Pont-Aven.

— Tu vas pas te mettre à augmenter les consommations! s'exclame un client.

Au moment où je règle, le patron me chuchote, la mine anxieuse :

— Vous êtes bien sûr que c'est le numéro 6?

À présent, tout le café s'interpelle. L'intensité des voix monte. Je sens la querelle dans l'air. Tout cela parce qu'il y a un siècle et demi, Delacroix louait le premier étage. Est-ce cela la gloire? Delacroix a dit qu'elle n'était pas un « vain mot » pour lui. « Elle émane d'un bonheur réel », allait-il même jusqu'à préciser.

Cette excitation, je la sens vibrer comme une onde. Elle a quelque chose de grisant et d'obscène.

CHAPITRE VI

Le Café de la Mairie

— Si tu ne vois pas Delacroix pousser la matière avec son pinceau, tu n'as rien compris à cette peinture. Il exerçait une véritable pesée sur le mur.

Ce critique d'art qui me parle est un ami. Au début des années 80, Léopold m'a fait connaître *La Lutte de Jacob avec l'Ange*. Il ne s'en souvient plus. Je me garde bien de le lui rappeler car il vanterait son flair, au demeurant exceptionnel. Il a le chic pour attribuer à chacun de ses amis une œuvre d'art, un livre selon la sensibilité qu'il croit deviner chez eux. Léopold n'est pas à proprement parler vantard ou exalté. As du concept, champion de l'idée abstraite, il en déroule les méandres avec une remarquable dextérité, ajustant à sa démonstration un détail, une observation que lui fournissent les êtres et les choses si bien que ses théories invraisemblables ont toujours l'apparence du concret. Il hait les définitions simples, les vérités fluides, les comparaisons faciles. Il ne révère que le paradoxe, le double sens, l'implicite.

Je le connais depuis la fin des années 70. Il travaillait alors dans une revue d'art. Teint fleuri d'amateur de bons crus, toujours vêtu de noir, belles mains de chanoine, et coiffé d'un élégant chapeau de feutre orné d'un énorme nœud plat.

Je me souviens du jour où tout a commencé. Nous étions assis à la terrasse du Café de la Mairie, place Saint-Sulpice. Je l'écoutais discourir sur le texte de Georges Perec, *Tentative d'épuisement d'un lieu parisien*, paru quelques années plus tôt. Quel que soit l'endroit où nous nous trouvons, Léopold le renvoie à une autorité littéraire, à un artiste; ou bien il le relie à un événement historique. Chez lui, tout est matière à référence. Il trouve toujours, même dans les pires trivialités, le moyen de formuler en marge un principe, une anecdote. C'est le roi de l'apostille verbale. Mais au lieu de l'exprimer par écrit, en bas de page, c'est de vive voix qu'il l'expose par de continuelles incidentes. Lorsqu'il écrit, sa verve et son agilité ne s'égarent jamais. Il a le génie de la clarté et le don de la vulgarisation. Il ne cesse de me parler de « révolution multimédia », de dénoncer le « retard français ». La modernité est son maître mot, l'impératif suprême, son obsession. « Les choses sérieuses en peinture ont commencé avec Cézanne », assène-t-il inlassablement en agitant ses mains manucurées.

Le texte de Perec est une sorte d'inventaire. Assis à la même terrasse où nous nous trouvions, l'écrivain a décrit scrupuleusement ce que d'ordinaire on néglige de noter : le passage de l'autobus 86 vers la gare Montparnasse, un vieil homme qui passe avec sa demi-baguette, un chien basset, une ficelle nouée autour d'un tronc d'arbre, la sonnerie de l'église Saint-Sulpice. De cette accumulation, en apparence anodine, il finit par se dégager une poésie étrange et vivante, l'âme secrète d'une place de Paris.

— Tu te rends compte! Décrire ce qui se passe quand il ne se passe rien... Les détails dont on se fout complètement. C'est ça qui est fascinant. La littérature ne sait plus faire cela à présent.

Il se félicitait que la place résistât à l'invasion des commerces de luxe. Venus de la rive droite, les grands noms de la mode et de l'horlogerie-bijouterie ont beau grignoter les rues voisines, Saint-Sulpice tient bon. Pour combien de temps? La petite esplanade garde encore ses allures d'agora provinciale. En été, l'eau à la bouche, les mascarons de la fontaine Visconti ornés de lions et de prélats gazouillent aux amoureux. La vasque se remplit de pièces de monnaie. Léopold aime à dire qu'on se croit à Rome.

Les cloches de Saint-Sulpice se mirent à sonner comme dans Perec.

— Tu as vu comme ces deux tours sont très éloignées l'une de l'autre. C'est très original comme conception! La tour sud est inachevée. Regarde toutes les cavités...

— Ce sont probablement les oiseaux qui les ont creusées pour s'y nicher.

— Les oiseaux! Avec leur bec peut-être! Non, c'est la trace des échafaudages. On faisait des trous dans la tour pour assurer les passerelles et les plates-formes. On appelle cela des boulins. Ces boulins n'ont jamais été rebouchés. Elles sont bizarres, ces deux tours. Victor Hugo les comparait à deux clarinettes. C'est assez juste. Regarde les ouvertures, on dirait les trous du tuyau. Évidemment, tu connais l'église Saint-Sulpice...

Comme on peut s'en douter, cet « évidemment » n'avait pour mon ami aucun caractère d'évidence. Il avait deviné que je n'y étais jamais entré.

— Moi, le style sulpicien..., avais-je répondu.

— Sulpicien, sulpicien! C'est idiot! Justement, elle n'a rien de sulpicien. Tu ne t'es jamais donné la peine de la visiter. Allons-y! dit-il en frottant joyeusement ses mains. Je vais te montrer quelque chose qui te plaira.

Il connaissait l'église par cœur. Je me rappelle, quand nous sommes entrés, du choc à la fois sec et moelleux de la porte — l'inimitable bruit de Saint-Sulpice! Le saisissement lumineux et doux du sanctuaire, ce demi-jour tamisé de persienne et la vision du Delacroix surgissant brutalement au milieu du clair-obscur... Un éblouissement provoqué par le contact subit avec la chapelle qui s'offre de manière imprévue, presque comme une fausse note dans la pénombre.

Je me suis aperçu aussitôt que la peinture de Delacroix *jurait*. Mais ce n'était pas cette dissonance qui attira mon attention. Je n'avais d'yeux que pour *La Lutte*. Dieu sait si je me méfie de ces rencontres ou de ces dévoilements qui sont supposés bouleverser une existence, comme saint Augustin dans le jardin de Milan (*« Rupisti surditatem meam »*, une barrière de surdité tomba) ou la révélation de Tournon pour Mallarmé soudain purifié par le noir de la nuit.

Sur le moment, je n'ai pas vu que cette peinture allait non pas m'ouvrir les yeux, mais plutôt les obscurcir. À l'évidence, ce mur recelait un sens caché.

Léopold avait l'air vaniteux de qui se croit propriétaire. L'initiateur est toujours persuadé d'être l'inventeur. D'ailleurs il l'était, et le demeura. Pendant longtemps je n'ai pu dissocier cette peinture de la personne de Léopold.

Je prêtais vaguement l'oreille à ses propos, attrapant au passage des mots : « La robe de l'Ange, le bleu gris… » Sur le moment je ne m'étais pas aperçu d'une évidence : il n'aimait pas *La Lutte*. Le seul élément qui trouvait grâce à ses yeux était l'amas de vêtements laissés au premier plan par Jacob. « Ces touches entrecroisées, ces hachures en mouvement : la modernité est là ! Delacroix avoue ses moyens, il les montre, il s'autocritique. Pour le reste… »

En y réfléchissant, j'avais été alors plus intrigué qu'intéressé. Je trouvais inattendue la présence de Delacroix dans cette église. J'étais fasciné par les gros mollets de l'Ange. Dans sa posture quelque chose d'inélégant, d'emprunté paraissait donner à l'ensemble un caractère rudimentaire, maladroit.

Je regardais *La Lutte*, mais c'est l'église qui m'intéressait. Un élément troublait l'harmonie, mais lequel ? L'édifice me plut d'emblée malgré ses murs crasseux — ce gris sale est miraculeux dans sa capacité à attraper la lumière. Les jours et les semaines suivants, je me surpris à penser à la chapelle. Ce n'était pas une obsession. Tout juste une impression qui s'infusait doucement. À peine une image. Mais la vision ruminait en moi. Elle travaillait à mon insu.

Un jour je donnai rendez-vous à Léopold au Café de la Mairie dans l'idée de l'emmener à Saint-Sulpice. Mais il me fallait, je ne sais pourquoi, lui dissimuler mon intention.

Cette peinture revêtait peut-être déjà pour moi un caractère intime. Comment aurais-je pu, d'ailleurs, lui en expliquer les raisons ? Il m'était impossible de les formuler moi-même.

« Si on allait voir l'église ! » Telle était la phrase rituelle à la fin de nos conversations. Mon ami n'en demandait pas plus. La visite était l'occasion de déployer son érudition. L'honnêteté m'oblige à dire qu'il m'a beaucoup appris. Surtout à regarder. Que de fois m'a-t-il répété : « Il ne faut jamais raconter une peinture. C'est la pire des choses. La peinture ne raconte pas d'histoire, elle produit de l'énergie. Oui, c'est de l'énergie qu'on a enfermé dans un cadre, dans un rectangle. »

Il avait une conception thermodynamique de la peinture : le feu et la force, l'incandescence et le mouvement, ce qui convient assez bien à Delacroix. Ses leçons, les ai-je bien apprises ? En tout cas, elles plaisaient beaucoup aux touristes. Ils s'arrêtaient d'abord estomaqués. On pouvait lire sur leur visage la réprobation ou l'ironie au spectacle de tant de jactance. Puis le miracle opérait. Au moment où ils s'apprêtaient à partir, un mot, une tournure, un détail les retenaient. Mon cicérone jouissait de ce pouvoir, non sans une pointe d'orgueil.

Mais c'était un jeu, une affectation qu'il exagérait afin d'en n'être point dupe. Surjouer pour éviter de se ridiculiser. D'ailleurs, quand l'attroupement devenait trop important, il donnait le change en m'emmenant dans une autre chapelle. Cela ne dissuadait pas pour autant l'auditoire. Une bonne partie nous suivait, avançant timidement par grappes. Léopold n'osait pas éconduire ses tout nouveaux supporters. « Je ne peux tout de même pas les envoyer promener. Tu as vu, il y a des étrangers parmi eux… Il en va de l'honneur de la France. » L'honneur de la France, il s'en moquait bien.

Généralement, il nous emmenait dans une chapelle dédiée à saint Roch. Décorée en 1822 par un certain Abel de Pujol, un élève de David, elle apparaît encore aujourd'hui inachevée, peut-être à cause du nombre restreint d'ex-voto qui ont du mal à remplir les murs. On soupçonne saint Roch d'avoir finalement peu exaucé les solliciteurs.

Mon compagnon ne tarissait pas d'éloges sur Abel de Pujol, peintre aujourd'hui tombé dans l'oubli. Combien de fois m'a-t-il bassiné avec l'art de la fresque, procédé qui consiste, comme on le sait, à utiliser des couleurs à l'eau sur un enduit de chaux humide ! « Peindre à frais, *fresco* en italien, tu comprends ! »

Je n'ignore plus rien aujourd'hui de l'*intonaco*, couche superficielle de l'enduit dans laquelle les couleurs sont absorbées. « Il faut faire vite, les couleurs ne restent pas à la surface, elles pénètrent dans la muraille. Au contact de l'air, la chaux sèche et se cristallise. Pujol, au moins, a essayé, Delacroix ne s'y est pas risqué. Il faut dire qu'il avait fait une expérience malheureuse à l'abbaye de Valmont. »

À l'époque, j'avalais sans vérifier tout ce qu'il disait. Mon ami amplifiait la réalité, atteint de cette forme de galéjade intellectuelle que les Italiens nomment *bravura*, l'envie d'aller au-delà de la vérité, de survendre son propos pour retenir l'attention. Plus tard, quand je me suis décidé à partir sur les traces de Delacroix, j'ai voulu me rendre à l'abbaye de Valmont, près de Fécamp.

Valmont a beaucoup compté pour lui. Le domaine appartenait à ses cousins Bataille et Bornot — le cousinage est un lien essentiel dans la vie de Delacroix, ne serait-ce que parce qu'il a déterminé la plupart de ses voyages. Dans un corridor, au-dessus d'une porte, j'ai vu les fresques de Valmont peu de temps avant qu'elles ne soient démontées du mur de l'abbaye pour être transférées à Paris, au musée Delacroix — pour la première fois depuis la Révolution le monastère est à nouveau occupé par des religieuses.

En fait, l'essai effectué par Delacroix, qui date de 1834, n'a rien de malheureux. Ce sont trois scènes mythologiques dans le style pompéien, d'une expression fraîche et naïve. Et ce n'est pas la difficulté du procédé qui semble par la suite avoir rebuté le peintre. Bien au contraire. Il affirme même que la fresque n'est pas compliquée à exécuter « matériellement parlant », et qu'on a tort de croire qu'aucun repentir n'est possible. Pour lui, c'est un genre quelque peu primitif correspondant à une époque où l'on n'avait pas encore trouvé le secret de la peinture à l'huile. Delacroix ajoute : « La fresque se ternit et pâlit de plus en plus avec le temps. »

J'avoue ne pas m'être aperçu des dégâts du temps lorsque mon ami me commentait la fresque d'Abel de Pujol. On ne voyait quasiment plus rien, l'humidité ayant ébauché des motifs qui avaient pris le dessus sur les scènes peintes par son cher Abel. Léopold s'en rendait compte et parlait d'un « fascinant palimpseste ». Déjà, en 1931, l'abbé Lemesle, prêtre de Saint-Sulpice, prédisait : « Ces fresques sont condamnées à disparaître d'ici peu[1]. » La difformité anormale des visages a disparu depuis qu'on a restauré ces fresques. Il était temps.

Je regrette la version ancienne. Avec ses couleurs assourdies et froides, la pose vaguement scabreuse de ses personnages, elles me faisaient penser aux peintures de Balthus. Abel de Pujol, je m'en aperçus plus tard, n'était pas l'artiste obscur que voulait me faire accroire mon ami. Cet élève de David connut un vrai succès de son vivant. À l'époque où Delacroix décorait la bibliothèque de l'Assemblée nationale, Abel de Pujol, membre de l'Institut, avait orné le plafond de la salle des Distributions. Comme Delacroix, il a travaillé au Louvre, au palais du Luxembourg. On les retrouve aussi tous les deux à Saint-Denis-du-Saint-Sacrement.

Il y a une autre curiosité à Saint-Sulpice que Léopold se plaisait à commenter : une longue baguette de cuivre scellée dans le sol de l'église qu'il m'indiqua un jour en me priant d'en deviner l'emploi — il aimait à jouer ainsi les maîtres d'école : répondre par une bêtise étant, selon lui, éminemment pédagogique.

La bande de cuivre part d'un carré de marbre incrusté dans le sol et passe derrière la table de communion, aboutissant à un obélisque de marbre blanc situé contre le mur dans le bras nord du transept. J'approchai de la colonne en forme d'aiguille. Elle est terminée par une boule surmontée d'une croix. Sur la base de l'obélisque est inscrite la solution : « *Gnomon astronomicus* ».

---

1. *L'Église Saint-Sulpice*.

— *Gnomon?* Mais c'est du grec!

— On l'utilise aussi en français. C'est un instrument astronomique. Tu vois cette fenêtre?

Il m'indiqua un vitrail situé dans le bras sud du transept.

— Il y a sur la droite deux petites ouvertures. En fait, c'est une lentille. À midi, un rayon solaire la transperce pour venir frapper exactement le trait de cuivre. Cette ligne est en réalité la méridienne. C'est capital pour comprendre *La Lutte*. La chapelle des Saints-Anges est orientée au midi. Delacroix a joué sur cette lumière qui coule directement à flots. Saint-Sulpice ne peut se déchiffrer autrement. Cette conception est très originale pour une église, c'est une architecture solaire. L'héliotropisme n'est pas le fort des sanctuaires chrétiens. On recherche plutôt ce qui est sombre. Le culte solaire, c'est un truc de païen, Râ, Phébus… Ce qui procède du soleil, on s'en méfie. Regarde : tout ce qui dans l'architecture constitue un obstacle à la lumière, vitraux colorés, arcs-boutants, toitures hautes, a été aboli. Ce gnomon est une rareté dans une église. Il donne toute sa signification à l'édifice. C'est un curé de Saint-Sulpice, au XVIIIe siècle, qui voulait établir de manière précise le comput ecclésiastique.

— Le comput?

— Le compte, quoi! C'est ce qui sert à dresser le calendrier des fêtes mobiles. Ainsi on détermine l'équinoxe de mars et le dimanche de Pâques lequel, comme tu le sais, change chaque année. Le comput renferme le nombre d'or.

— C'est ainsi, Seigneur, que vous avez donné des bornes à nos jours et toute notre vie est un rien à vos yeux.

— Qu'est-ce que tu racontes?

— Je lis ce qui est inscrit sur l'obélisque.

Par endroits, l'inscription donne l'impression d'avoir été effacée. J'ai appris par la suite que ce caviardage était l'œuvre de la Révolution qui avait fait marteler toutes les allusions au roi Louis XV — c'est sous son règne que fut inauguré le gnomon. En 1792, l'église était devenue un lieu de réunions publiques. La section du Luxembourg avait installé dans la chapelle du Sacré-Cœur un bureau d'enrôlement des engagés volontaires. Au cours d'une de ces assemblées fut décidée l'exécution des prisonniers des Carmes lors des massacres de Septembre. L'année suivante, l'église fut dédiée au culte de la déesse Raison.

Dans ces visites, mon guide négligeait toujours la chapelle des Âmes du Purgatoire. Lui si disert sur Abel de Pujol ou sur les autres artistes de Saint-Sulpice omettait les peintures de François-Joseph Heim, le voisin de Delacroix.

— On n'y voit rien. Et puis ça n'a pas beaucoup d'intérêt, cette chapelle est un vrai débarras, expliquait-il.

Il avait partiellement raison. On y rangeait une foule d'objets, parmi lesquels des panneaux d'affiches expliquant les cérémonies de la Semaine sainte — depuis Vatican II ces signalisations prolifèrent dans les églises. Un confessionnal hors d'usage y avait été entreposé. Néanmoins, malgré ce bric-à-brac, j'avais déjà constaté à l'époque que la chapelle était très visitée. J'avais noté aussi que personne ne prêtait attention aux décorations de Heim. Est-ce donc la *Pietà* de Clesinger qui attirait les gens ?

Aujourd'hui encore, la chapelle est très fréquentée. On peut y allumer un cierge (2 F, 5 F, 10 F, 15 F au choix). Deux anges encadrent la *Pietà*; la Vierge tient sur ses genoux le corps de son fils détaché de la Croix. L'ange de gauche se lamente avec une austérité très étudiée, il serre dans sa main la couronne d'épines qu'il tient comme un cerceau. Pour le coup, on n'est pas loin du style sulpicien. Et c'est probablement l'explication de son succès. On se trouve bien dans le repaire des cœurs affligés, des vaincus de la vie.

Son nom explique sa popularité : chapelle du Purgatoire. Séjour d'attente et de souffrance avant la félicité éternelle. C'est « le troisième lieu ». Cet entre-deux autorise l'espérance. Inventé au XIIe siècle, le purgatoire est un dogme que la théologie catholique n'invoque plus guère aujourd'hui. La croyance en une peine qui reste à expier avant d'être admis à la félicité du paradis sied sans doute à ces hommes et ces femmes en détresse — beaucoup sont antillais ou d'origine africaine. Ils pressentent que leur souffrance n'est qu'un état transitoire, même ici-bas, et qu'au terme du purgatoire ils connaîtront la fin de leur malheur. Les peintures de Heim, ils ne les regardent pas, car elles sont pratiquement invisibles. Léopold, pour d'autres motifs, éprouvait le même désintérêt.

Lorsque j'interrogeais mon ami sur cet artiste, il balbutiait quelques vagues indications :

— Il a représenté, je crois, un Charles X recevant des peintres ou quelque chose d'approchant. Aucun intérêt, un pur produit de l'académisme…

— Pas plus académique que ton Abel de Pujol, avais-je fait remarquer.

— Abel de Pujol est certainement moins bon peintre, mais au moins il avait du culot. Tandis que Heim, c'est froid. Il recopie les anciens, aucune invention, aucune remise en question...

— Comment peux-tu dire cela ! La chapelle est totalement plongée dans l'obscurité. La *Pietà* bouche toute la lumière.

— Tu as raison, on a fait un mauvais sort à François-Joseph, avait-il dit en regardant pensivement ses mains aux ongles soigneusement polis (il aime ainsi appeler les peintres par leur prénom, non pour marquer sa désinvolture, mais plutôt par une sorte de familiarité affectueuse).

Le contraste entre la glorieuse chapelle des Saints-Anges et cet antre, si sombre, presque aussi fréquenté que la batterie solaire de Delacroix, m'avait intrigué. J'avais remarqué que les habitués des Âmes du Purgatoire faisaient un détour pour éviter les Saints-Anges, comme si la lumière qui se dégageait de cette chapelle leur faisait mal aux yeux.

Qui était cet Heim dont j'entendais parler pour la première fois ?

CHAPITRE VII

Le château de Crozes

« Maintenant il n'y a plus à reculer et je suis la proie du devoir », écrit Delacroix à George Sand, le 19 juillet 1855.

Ces bonnes intentions, il les formule après un nouveau séjour à Augerville. Il adore le château de son cousin Berryer, les parties de musique, mais il se sent coupable de négliger Saint-Sulpice où depuis sept mois il ne met plus les pieds. Cette fois, il paraît déterminé à en mettre un coup mais, au bout d'une quinzaine de jours, il affirme souffrir horriblement de la chaleur : « J'ai fait tout gratter et j'emplâtre, pour ainsi dire à la truelle non seulement les parties creusées, mais toutes les parties des figures destinées à être lumineuses, telles que chairs, draperies. »

Il continue de se bagarrer avec le mur de la chapelle, sans avoir résolu le problème de la préparation destinée à recevoir l'impression de la peinture à l'huile. En clair, il n'a pas commencé *La Lutte*, même s'il a une idée très précise sur la composition et l'emplacement des personnages. Il ajoute : « Les tableaux y gagneront, mais j'ai failli y prendre la colique des peintres. »

La menace de saturnisme, provoqué par la respiration du plomb contenu dans la peinture, semble l'avoir épuisé — les murs renferment une forte proportion de céruse, colorant blanc qui est un véritable poison. « Je suis dans un mauvais moment; je retourne à l'église après une interruption de presque huit jours. J'y travaille péniblement. La chaleur est affreusement continue », confie-t-il le 27 août. Trois jours plus tard, il va mieux. L'amélioration de son état tient à la musique qu'il a pu entendre pendant qu'il travaillait. « Il y a eu un office extraordinaire à huit heures. Cette musique me met dans un état d'exaltation favorable à la peinture. »

Cette excitation est de courte durée. Car, en fait, rien n'avance. À Constant Dutilleux (celui-là même à qui il avait annoncé cinq ans plus tôt le sujet de la chapelle des Saints-Anges), il laisse entendre que tout est à refaire à cause de l'enduit : « J'ai été obligé de réimprimer, pour ainsi dire moi-même, les murs en refaisant l'ébauche tant cela était imparfait! »

Souvent, quand il a l'impression de piétiner, Delacroix choisit le seul parti qui vaille : la fuite. Le 10 septembre, il prend le train. Direction, le Lot. Il va passer quelques jours au château de Crozes, entre Brive et Souillac, chez sa sœur Henriette de Verninac.

Le contact avec la nature le tonifie. Il dessine, il est souvent seul. Crozes n'est pas en très bon état, l'herbe pousse partout, mais il se sent bien. Il y a déjà séjourné plusieurs fois. Il repart au bout de trois jours. Ce bref passage au regard de la longueur et des fatigues du voyage est surprenant. D'autant qu'à peine revenu à Paris, il se sauve à Strasbourg chez ses cousins Lamey.

J'ai voulu connaître Crozes. Sans raison précise. Delacroix est venu dans ce château du haut Quercy à un moment difficile de *La Lutte*. J'ai la faiblesse de croire que derrière l'immobilité apparente des lieux se dissimulent parfois des signes, des oscillations brèves et rapides qui mettent le cerveau en alerte. Quelqu'un est venu. Toute trace de lui a disparu. Cependant il subsiste toujours une marque, même infime. Une tache finit par reconstituer un visage, une odeur par laisser deviner un caractère. Les maisons sont maculées non seulement d'empreintes digitales, mais aussi d'inscriptions invisibles qui trahissent leurs occupants, même les plus anciens.

Je pense souvent à la visite du jeune Michelet au musée des Monuments français, errant au milieu des statues sans tête, éclairées par le bleu des vitraux. Le grand historien avait le don de remonter le temps dans le sens interdit. Il écrit cette phrase magnifique : « Ces morts dans leurs tombeaux qui rendaient tous les temps contemporains, je créai leur histoire, j'entrevis une lueur de religion. »

Crozes, un après-midi d'août. Je n'ai prévenu personne. Arriver à l'improviste est une technique qui donne souvent d'excellents résultats. Qui occupe aujourd'hui ce château? Une jeune femme étendue sur une chaise longue au milieu du parc, esquissant une moue. Je l'ai tirée de son sommeil. Expression étonnée, puis craintive de son visage. « Delacroix? Je vais demander. » Un chapeau de paille à larges bords qu'elle applique élégamment de sa main pour le tenir sur sa tête, un galon bleu terminé en aigrette — au siècle dernier on appelait ce ruban un suivez-moi-jeune-homme. Demander quoi? Elle connaît, j'imagine, les liens du peintre avec Crozes. L'irruption d'un inconnu l'a peut-être inquiétée. Je lui ai fait peur, il lui faut partager son appréhension avec quelqu'un. Une femme plus âgée qui n'est autre que sa mère apparaît sur le seuil et me prie d'entrer. Un aplomb modeste et bienveillant, l'air gracieux : d'emblée, ces bonnes manières, qu'on ne rencontre plus guère qu'en province, effacent l'embarras.

Dans le salon frais et sombre, j'entrevois près du piano la sœur de Delacroix : Henriette de Verninac. Le portrait peint par David en 1799 fut un moment la propriété de Delacroix, puis il passa entre les mains du grand collectionneur Charles de Bestegui qui l'offrit au musée du Louvre en 1942.

— Comme vous pouvez le constater, il ne s'agit que d'une copie. Ma famille détenait l'original. Ma grand-mère n'a consenti à s'en séparer qu'à condition d'en posséder une réplique et de garder le cadre d'origine. Nous avons presque l'illusion de posséder le vrai portrait, n'est-ce pas?

Elle sourit douloureusement. Soixante-dix ans après, la vente de ce tableau reste encore un arrachement pour cette femme qui vit dans le culte de Delacroix. La grand-mère de cette dame était une Verninac. À la mort du peintre, son cousin, François de Verninac, hérita de nombreux objets parmi lesquels le tableau de David. Dans son *Journal*, Delacroix juge sévèrement cette toile. Il lui vient un jour l'idée de la placer près d'un Géricault. Il n'a pas de mots assez durs pour critiquer la « froideur » de David et son imitation servile de la nature. « Toute sa hardiesse consistait à mettre à côté un fragment, pied, bras, moulé sur l'antique, et à ramener le plus possible son modèle vivant à ce beau tout fait que le plâtre lui présentait. »

Quel choc de découvrir ainsi, à l'improviste, dans la touffeur de l'été, la propre sœur de Delacroix! Elle siège familièrement dans le salon à côté du piano. Elle ne trône pas, sa présence est rassurante, lare domestique protecteur du foyer, esprit tutélaire de son frère Eugène ironiquement convoqué par David.

— Parfois, je lui trouve un air un peu bovin, à Henriette, vous ne pensez pas? Je ne devrais pas dire cela. C'est peut-être du dépit, pouffe-t-elle.

Elle n'a pas tort. Dans ce tableau, Henriette arbore de bonnes joues, et une expression morne que soulignent la sévérité du dessin davidien et son parti pris de sécheresse. Fut-elle une bonne sœur pour Delacroix? Après la mort de leur mère, en 1814, elle recueillit Eugène. Il devait payer sa pension. À cause de la pingrerie de sa sœur, il se serra longtemps la ceinture. La mère de Delacroix n'avait laissé à ses enfants qu'une propriété en Charente, le domaine d'Axe, près de Mansle, qui fut revendu à perte en 1822. La succession provoqua un froid entre le peintre et sa sœur.

Après son veuvage, ruinée, Henriette fut contrainte, pour survivre, de trouver un emploi de dame de compagnie.

Elle mourut en 1827. Elle avait un fils, Charles, qui hérita du tableau de David. Prodigue, ce neveu qu'adorait Delacroix en fut réduit un jour à se séparer du portrait de sa mère. La chose se produisit par deux fois. Delacroix parvint à racheter le tableau et l'accrocha dans son salon.

Près du portrait d'Henriette, une autre toile m'intrigue.

— Celle-là est un original. C'est Charles Delacroix, le ministre des Relations extérieures du Directoire, le père du peintre. Évidemment, vous allez dire que le père et le fils ne se ressemblent pas.

— La chose est courante et ne prouve rien, rétorqué-je prudemment.

Le « secret » de la naissance : on n'y coupe pas quand on évoque Delacroix. Charles était-il le vrai père du peintre ? On sait qu'une légende tenace propagée par Mme Jaubert, habituée des soirées d'Augerville, attribue cette paternité à Talleyrand. Mme Jaubert que Delacroix cite souvent dans son *Journal* était une relation du peintre. Dans ses mémoires parus en 1881, elle écrit : « Faut-il répéter ce qui quelquefois se disait à voix basse, que cette pâleur d'une teinte jaunâtre et ce sourire bridé tout particulier pouvaient faire songer au prince Talleyrand ? » Je ne partage pas l'opinion de ceux qui estiment que cette affaire relève de l'anecdote. « La question est de peu d'importance », affirme même Alain Daguerre des Hureaux, l'un des plus récents exégètes du peintre. Je pense le contraire : ce point est à prendre en considération ; il a sans doute un lien avec *La Lutte de Jacob avec l'Ange*.

Charles Delacroix est né à Givry-en-Argonne (Marne). Fils d'un régisseur, il commence sa carrière comme professeur de collège à Rodez. Remarqué par Turgot, alors intendant du Limousin, il devient son secrétaire. Nommé contrôleur des Finances en 1774, Turgot emmène Charles Delacroix à Paris et en fait l'un de ses plus proches collaborateurs. La disgrâce de l'homme qui aurait pu sauver la monarchie oblige Delacroix à abandonner ses fonctions. Il applaudit à la Révolution, devient représentant de la Marne à la Convention et fait partie des 397 députés — contre 334 — qui votèrent la mort du roi.

Auparavant il se trouve mêlé à une décision qui n'est pas anodine non plus : l'acte solennel d'abolition de la royauté en France le 20 septembre 1792. En tant que secrétaire de la Convention nationale, il est l'un des trois signataires du document avec Vergniaud et Sieyès. Membre du Conseil des anciens — assemblée législative instituée par la Convention thermidorienne —, il se voit nommé sous le Directoire ministre des Affaires extérieures (1795), poste qu'il conservera jusqu'en juillet 1797.

La mère d'Eugène Delacroix, Victoire Oeben, est issue d'une grande famille d'ébénistes. Son père, Jean-François, réalisa le fameux bureau de Louis XV qu'il ne put terminer et qui fut achevé par son élève, Jean-Henri Riesener. Riesener épousera la veuve de son patron.

Le jeu des unions, une postérité souvent abondante — laquelle explique la multitude des cousins — peuvent donner l'impression d'une situation familiale compliquée. Ils expliquent en tout cas les voyages incessants du peintre qui adorait rendre visite à ses nombreux parents.

Eugène Delacroix est né le 26 avril 1798 à Charenton-Saint-Maurice. La date de sa conception correspond à un moment (fin juillet ou début août de l'année précédente) où le père du peintre était affligé d'une tumeur aux testicules qui l'empêchait en principe de procréer. L'excroissance était énorme. « Delacroix, ce n'est pas un ministre, c'est une vieille femme enceinte », s'exclamait Mme de Staël. Le 13 septembre 1797, soit sept mois avant la naissance d'Eugène, Charles Delacroix se décida à subir une intervention chirurgicale. L'opération qu'il supporta stoïquement dura deux heures et demie, sans anesthésie. La tumeur ôtée pesait trente livres. L'ablation fut l'objet d'une relation circonstanciée par le chirurgien, Ange Imbert-Delonnes, qui publia force illustrations pour agrémenter son propos.

Les choses sont apparemment simples : Eugène a été conçu ou bien à la date normale entre la fin juillet et le début août, ou bien après l'opération, soit dans la deuxième quinzaine de septembre. Dans le premier cas, Charles Delacroix ne peut être a priori le père; dans le second cas, l'opération est trop proche pour qu'il puisse engendrer. En théorie, il y a donc peu de chances pour que Charles Delacroix soit le père. En théorie. Mais, dans un tel domaine, la règle peut souffrir des exceptions. Ainsi, les détails anatomiques relevés par des spécialistes[1] prouvent qu'avant l'ablation Charles Delacroix n'avait pas perdu sa virilité et qu'après une telle opération cet

---

1. « Travaux du médecin général Camelin » (*Bulletin de la Société aixoise d'études historiques*, juillet-octobre 1979).

homme particulièrement robuste pouvait se rétablir rapidement et procréer, auquel cas Delacroix serait né avant terme.

— Ma grand-mère Verninac ne cessait de nous répéter que cette histoire de Talleyrand était ridicule. D'ailleurs vous savez que trois lettres de Charles Delacroix à son épouse ont été retrouvées, ici même, dans les archives familiales par un conseiller honoraire à la Cour de cassation, Paul Loppin. Elles datent de l'année 1798. Charles Delacroix se trouvait alors en mission en Hollande. Cette correspondance ne laisse aucun doute sur les rapports de confiance, d'abandon même, existant entre les deux époux.

— Cela ne prouve rien! Convenez qu'en de telles circonstances l'épouse qui a trompé son mari puisse être particulièrement affectueuse pour se faire pardonner. Et on a vu aussi des époux bafoués faire preuve de candeur.

Elle ne relève pas mais elle ne semble pas convaincue. Nous évoquons la ressemblance entre Talleyrand et Eugène Delacroix. Le port de tête hautain du peintre a été comparé à celui de l'évêque d'Autun. Il y a une similitude dans la posture. La même contenance, le même air d'insolence, la même bouche dédaigneuse, les mêmes pommettes hautes. De là à trouver des traits communs et un caractère de parenté, voilà qui est plus hasardeux. Talleyrand était blond et pâle. Delacroix avait les cheveux d'un noir de jais et un teint olivâtre. Si l'on en croit Théophile Gautier, il ressemblait à un « maharadjah »; Baudelaire parle de « son teint de

Péruvien ». Cependant, vouloir accumuler trop de preuves dans un sens rend la démonstration suspecte.

Eugène Delacroix a-t-il eu connaissance de cette paternité incertaine? Dans une notule, André Joubin, l'éditeur du *Journal* de Delacroix, affirme détenir un exemplaire fort rare de la fameuse relation de l'opération par le chirurgien Ange Imbert-Delonnes (encore un ange !) et précise que ledit exemplaire a appartenu au peintre en personne. Cette information laisse donc à penser que Delacroix *savait.* « On s'est demandé si, en reculant, comme il l'a fait souvent, sa date de naissance d'une année, il n'a pas répondu à un souci de faire paraître plus régulière sa naissance », remarque René Huyghe, l'auteur du *Combat solitaire*, un ouvrage qui fait autorité sur le peintre. « Le plus important n'est-il pas, en définitive, les conséquences que cette paternité douteuse pourrait avoir eues sur l'œuvre de Delacroix? » écrit fort justement Barthélemy Jobert, un autre spécialiste. Mais il ajoute aussitôt : « Or, dans quelque direction que l'on cherche, il n'en existe pas, ce qui règle d'une certaine façon le problème. »

Peut-on être aussi catégorique? Certes, dans les écrits du peintre (*Journal*, *Correspondance*), il n'existe aucune trace de cette paternité controversée. De son vivant, la rumeur courait dans des salons que l'artiste était le fils de l'évêque apostat. La seule mention écrite provient d'un critique d'art, Théophile Silvestre, que Delacroix connaissait. Il écrit de manière allusive que le peintre fut « bercé sur les genoux de Talleyrand ».

Il est probable que le sous-entendu n'a pas échappé à ceux qui connaissaient le commérage. La pseudo-révélation de Silvestre — il est établi que Talleyrand n'a jamais vu Delacroix — date de 1856. Delacroix évoque avec le plus profond respect la figure de son père et il ne cite qu'à deux reprises, dans son *Journal*, le nom de Talleyrand sans jamais d'ailleurs s'y attarder. Toutefois, ce silence dans son œuvre écrite ne saurait signifier que ce point sensible fût absent de sa peinture. Qui peut connaître les ressorts profonds du créateur, le flot confus des affaires intimes, des histoires familiales, toutes ces forces latentes, qu'il a métabolisées silencieusement pour les projeter dans son œuvre?

La figure du père est présente dans plusieurs de ses tableaux. Par exemple, dans *Les Deux Foscari* où le doge de Venise est obligé d'assister à la lecture de la sentence prononcée contre son fils Jacques Foscari. Ou les nombreuses représentations de *Hamlet* (*Hamlet fait jouer aux comédiens la scène de l'empoisonnement de son père. Hamlet veut suivre l'ombre de son père*, etc.). Il s'est peint lui-même en prince du Danemark. L'histoire du héros shakespearien a visiblement obsédé l'artiste. « Personne n'a senti comme Delacroix le type douloureux de Hamlet », a remarqué son amie George Sand.

Quant à Jacob attaqué par un ange alors qu'il va traverser le gué du Yabboq, qui doit-il craindre? Ésaü, son frère, à qui il a ravi le droit d'aînesse? Sans doute. Mais plus encore son père Isaac qu'il a trompé. Ne lui a-t-il pas volé une bénédiction destinée à son frère? À la différence de Barthélemy Jobert, je pense que ces questions ont retenti dans l'élaboration de *La Lutte*.

Dans presque toutes les familles, un cadavre est caché dans le placard. Pourquoi les Delacroix y échapperaient-ils? Le roman familial est lourd pour Eugène : un père contesté, une sœur qui ne lui a pas fait de cadeau, un frère, dont on ne parle jamais, tué à la bataille de Friedland, un autre frère, Charles-Henry, l'aîné, dont on parle au contraire beaucoup trop et qui aurait servi de modèle à cette canaille de Philippe Bridau dans *La Rabouilleuse*. Une chose est sûre : au moment où Jacob s'apprête à subir l'épreuve suprême, un lourd passif existe entre lui, son père Isaac et son frère Ésaü.

Revenons à Crozes, à cet après-midi d'été et à mon hôtesse. Avec drôlerie, elle me raconte les visites des spécialistes de Delacroix, braconnant dans les archives familiales, mais dissimulant soigneusement le but de leur battue. Crozes renferme des trésors. Beaucoup de papiers n'ont pas encore été dépouillés. Elle me montre les sept ou huit gilets brodés du peintre, son épée d'académicien. Il l'avait tant désirée cette épée. Il l'obtiendra à l'époque où il peinera le plus à Saint-Sulpice, le 10 janvier 1857, après avoir posé à six reprises sa candidature.

Quelques jours avant l'élection, il était allé faire ses visites comme l'exige la tradition. Le 3 janvier, qui avait-il rencontré? François-Joseph Heim, son « voisin » de Saint-Sulpice. La décoration de la chapelle des Âmes du Purgatoire était depuis longtemps terminée lorsque Delacroix commença sa besogne de l'autre côté du mur. À aucun moment il n'évoque ce voisinage. Une seule allusion à Heim se trouve consignée dans le *Journal*, à propos d'une visite à Strasbourg, laquelle a lieu — la coïncidence est troublante — cinq jours après son voyage à Crozes. Il s'attarde dans le musée de la ville devant une toile de Heim intitulée *Berger buvant à une fontaine*, et examine une figure nue qui pique sa curiosité. « Cet homme avait un sentiment dans le sentiment des maîtres italiens », note-t-il. Il ajoute — c'est l'essentiel : « Ce tableau est très gâté; je vois là son dernier grand tableau, exposé il y a deux ans, roulé depuis ce temps et laissé dans un coin comme on l'a apporté. Voilà comment les musées de province traitent les tableaux » (19 septembre 1855).

L'oubli menace déjà Heim. Delacroix en parle au passé, comme si ce peintre était mort — alors que les deux hommes seront amenés plus tard à se rencontrer. Que pense Delacroix de son confrère? La mention des maîtres italiens sous-entend bien sûr un compliment de la part de l'admirateur de Raphaël et de Véronèse, mais son apitoiement sur la malchance de Heim semble s'appliquer à la profession et surtout à lui-même.

Heim, peintre exclu, désaffecté. Son destin ne manque pas de surprendre. Ce n'est pourtant pas la première fois qu'un tel sort touche un artiste, surtout un tenant de la tradition académique. Mais doit-on le qualifier d'académique? Son chemin a souvent croisé celui de Delacroix. Lorsque ce dernier travaillait à la bibliothèque du Palais-Bourbon, au début des années 1840, Heim décorait la salle des Conférences. Il y avait un troisième peintre. Son nom : Abel de Pujol; il ornait les caissons du plafond de la salle des Distributions.

Delacroix, Heim, Abel de Pujol : ils sont ensemble bien avant Saint-Sulpice. « Que restera-t-il de MM. Heim et Abel de Pujol? Qui donc, dans dix ans, se souviendra de leurs noms? » demandait en 1851 le critique de la *Revue des Deux Mondes*, Gustave Planche. Et de répondre non sans cruauté : « Ils enseignent le dessin, ils connaissent les contours et les lignes consacrés par la tradition; mais ils n'ont jamais rien conçu, jamais rien produit qui mérite d'être discuté et depuis vingt-neuf ans, M. Delacroix a le privilège d'exciter l'attention par la nouveauté, par la variété de ses œuvres. » Jugement sans appel! Tout chez Gustave Planche, admirateur des classiques, aurait pourtant dû le porter à apprécier Heim.

À Crozes, je ne me lasse pas de contempler l'épée d'académicien, l'arête si fine de la lame. Delacroix en avait-il souvent saisi le pommeau? Je suis hypnotisé par la coquille.

Certaines demeures résument de manière imprévue des moments de notre histoire. Crozes en fait partie. Outre le souvenir de Delacroix, elle renferme des reliques ayant appartenu à des ministres de la IIIe République, un gouverneur des colonies, etc. Ces fantômes cohabitent en bonne intelligence sous la houlette bienveillante de mon hôtesse qui n'en tire d'ailleurs aucune vanité.

L'habit d'académicien de Delacroix est un peu fané. La veste m'apparaît bien étriquée. Il est vrai que, sur les photos qu'on connaît de lui, le torse est maigre, les épaules étroites. Cette fragilité tranche avec le port impérieux. « Cette tête nerveuse, expressive, mobile, pétillait d'esprit, de génie et de passion », remarque Théophile Gautier.

On ne possède pas de photos de Delacroix dans son costume de l'Institut. Assidu aux séances, il prend son rôle au sérieux, même si, à l'égard de ses collègues, on le voit affecter parfois de grands airs. Ainsi il note dans son *Journal* après la réunion générale de l'Institut : « La vue de toutes ces figures m'a amusé. » Revanche tardive. Elle rachète les échecs humiliants, la relative désaffection dont il se croit alors victime. Il a horreur qu'on le prenne pour le représentant d'une époque révolue, celle de l'école romantique. Le peintre de *La Liberté guidant le Peuple* ne se voit pas en révolutionnaire. Cette réputation contrarie en lui l'admirateur des classiques. Delacroix a souvent exprimé son horreur des rêveurs, de la sentimentalité, du « style pleurard ».

Deux ans avant son élection à l'Institut, l'année 1855 lui offre l'occasion d'une réparation éclatante. L'Exposition universelle présente trente-six de ses œuvres parmi lesquelles les *Massacres de Scio*, *Femmes d'Alger dans leur appartement*, *La Prise de Constantinople par les Croisés*. Deux mois plus tard, c'est la consécration. Promu commandeur de la Légion d'honneur, il reçoit l'une des grandes médailles de l'Exposition. Un autre peintre, tombé, lui, franchement dans l'oubli, est également réhabilité. Comme Delacroix, il obtient la grande médaille et il est fait officier de la Légion d'honneur. Son nom : François-Joseph Heim. Heim, toujours dans les parages ou dans le sillage de Delacroix! Si incompatible, si proche. Persuadé que la gloire passait par l'Institut, Delacroix connaissait évidemment le tableau le plus fameux de Heim :

Charles X distribuant les récompenses aux artistes à la fin de l'Exposition de 1824. C'est l'année des *Massacres de Scio* (l'année aussi de l'abandon du *Journal* qu'il ne reprendra qu'en 1847).

Heim et Delacroix sont honorés en même temps. Se sont-ils parlé à cette occasion?

Aujourd'hui au Louvre, le tableau de Heim est accroché dans une salle qui porte comme par hasard le nom de Delacroix. Reléguée tout au haut du mur, la toile ne permet pas d'apercevoir l'expression des innombrables visages que le peintre a mis tant de soin à rendre.

C'est une évidence, la proximité avec Delacroix ne lui porte pas chance.

En fin d'après-midi, à Crozes, l'ombre est venue avec la fraîcheur. Le château se réveille. Nous sortons pour prendre des rafraîchissements près des buis centenaires sculptés en boules. Dans le jour qui décroît, ils exhalent une odeur ancienne et acide.

— Ces buis existaient au temps de Delacroix, dit l'hôtesse. Nous sommes aux petits soins avec eux.

Tous, nous nous surprenons à humer l'air. En même temps que le parfum virulent des buis, il propage des fragrances de livres défraîchis qui rappellent le clou de girofle.

Je crois reconnaître l'odeur fanée de l'habit d'académicien de tout à l'heure. L'odeur de Delacroix.

CHAPITRE VIII

Les cigares de Delacroix

Le 23 février 1856, Delacroix se plaint d'une « odeur insupportable » dans la chapelle. Il a dépêché son aide Andrieu pour enquêter. Depuis le voyage à Crozes, c'est la panne — ou la pause —, car son activité artistique par ailleurs est intense. La puanteur provient d'un entassement d'ordures sous le plancher.

De 1854 à 1861 la chapelle sera encombrée d'un système de haubans et de crémaillères. C'est un camp retranché hérissé d'échafaudages, d'échelles. Sur la plate-forme, Delacroix fait le siège du mur qui se dérobe. Travail de sape lent et souvent décourageant. Une bonne partie du matériel a été louée à l'entreprise Auguste Bellu.

Le 17 mars 1856, le *Journal* signale une nouvelle fois : « Andrieu a commencé à travailler à l'église. » Delacroix paraît déterminé à se remettre à l'ouvrage. Il fait appel à l'un de ses élèves, Louis Boulangé, pour s'occuper des fonds et accélérer les travaux. Le 20 mars, rendez-vous est pris à Saint-Sulpice. L'occasion pour Delacroix de juger objectivement le travail accompli après une interruption de cinq mois. Il est déçu. « Je me suis entêté l'année dernière en travaillant trop longtemps. J'en ai trop fait sur de mauvaises données. » La seule chose qui progresse est la peinture de saint Michel. Le 6 mai, il indique : « Nous dessinons le carton du plafond. »

La Lutte de Jacob avec l'Ange et l'*Héliodore* font parfois oublier le plafond de la chapelle représentant *Saint Michel terrassant le démon*. Si cette œuvre lui a donné techniquement moins de soucis — il s'agit d'une toile marouflée —, elle souffrira toujours de la comparaison avec les deux peintures murales. Beaucoup de critiques l'ont éreintée. Parmi les contemporains de Delacroix, Baudelaire ne lui consacre qu'un paragraphe dans son compte rendu. Il parle d'une « magnificence des plus dramatiques », ce qui n'est guère compromettant. En revanche, il relève que « la lumière puissante, dégagée par la fenêtre qui occupe la partie haute du mur extérieur, impose au spectateur un effort pénible pour en jouir convenablement ». Remarque très juste. Au risque de se démettre les vertèbres cervicales, le regard doit voler haut pour apercevoir les détails. On peut sourire du Lucifer agrippant piteusement sa fourche, mais l'étrangeté du paysage d'aigue-marine irradie la mise au tapis du prince des ténèbres.

Nouvelle pause à la mi-juin. Début juillet, Delacroix se réfugie à nouveau dans la petite maison de Champrosay. Il prend l'air dans la forêt de Sénart et s'attarde devant deux arbres qu'il mentionne souvent dans son *Journal*. Le chêne Prieur et le chêne d'Antin ont joué un rôle capital dans son inspiration. Ces arbres aux fûts énormes constituent depuis

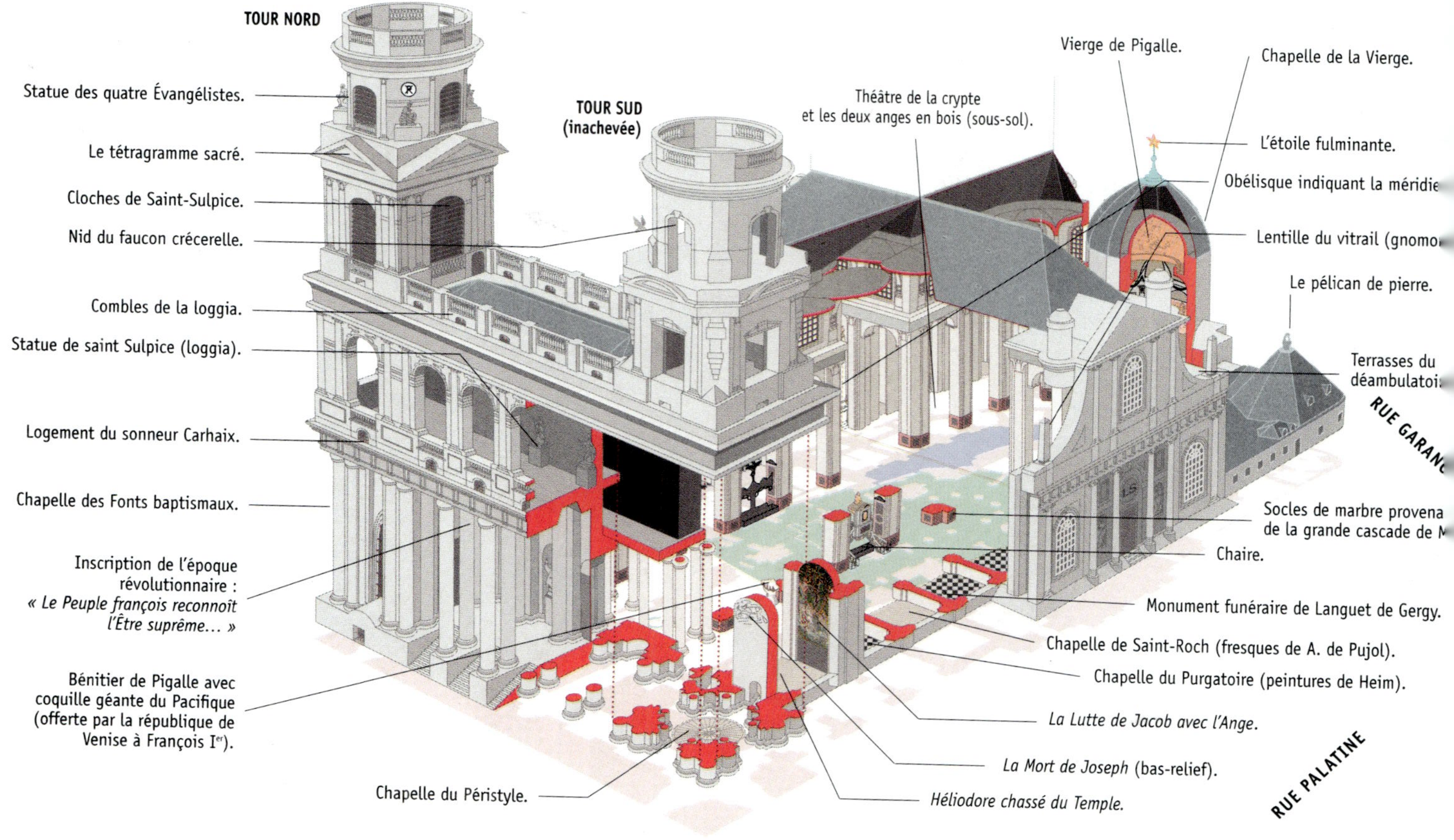

Église Saint-Sulpice en éclaté.

Delacroix : *La Lutte de Jacob avec l'Ange.*

Delacroix : *Héliodore chassé du Temple.*

François-Joseph Heim : *La Prière pour les morts.*

Paul Baudry :
La Lutte de Jacob et de l'Ange.

Rembrandt :
La Lutte de Jacob avec l'Ange.

L'un des deux anges de la crypte.

François-Joseph Heim : *Le Prisonnier.*

François-Joseph Heim : *Arrivée de Jacob en Mésopotamie.*

longtemps le but de sa promenade. Émerveillé par le chêne d'Antin « si bien proportionné », il le trouve « effrayant de grandeur ». « Je me suis assis en face de ce géant », note-t-il le 5 juillet. Il ne se lasse pas de contempler aussi le chêne voisin.

« Nulle femme n'aura reçu plus de visites que le chêne Prieur à son étoile forestière, et aucune n'aura été tant dessinée », a remarqué avec beaucoup de flair Yves Florenne[1]. Lié à la généalogie, l'arbre est à l'origine de la chute. Dans le jardin d'Éden d'où l'homme a été chassé à jamais, l'Arbre de vie est désormais gardé par des anges.

Dans *La Lutte de Jacob avec l'Ange*, trois arbres immenses dominent de leur ombre la scène du combat. Quelques rais de lumière traversent les profondeurs de la forêt comme l'écho d'un embrasement venu d'ailleurs. Delacroix admirait la façon dont Corot rendait les arbres. C'est à Champrosay qu'il a compris leur « principe ». Il prescrit de les « modeler dans un reflet coloré comme de la chair ». Il en tirera magistralement la leçon à Saint-Sulpice.

Longtemps, la ramure monumentale de ces arbres éployés, couvrant la bataille de leur force silencieuse, a escamoté pour moi Jacob et l'Ange. Dans ce combat, je ne voyais plus qu'une rixe brouillonne et dérisoire. La vraie poussée du combat, elle est là, contenue dans ces trois arbres, pression tellurique qui vient des entrailles de la terre; elle resurgit, souveraine, dans le balancement infini des trois géants.

1. *Delacroix, les plus belles pages.*

Champrosay est la *querencia* de Delacroix, repliement et protection, décrochage temporaire pour mieux réfléchir à la contre-attaque. Quand il s'y réfugie, on peut être sûr que Saint-Sulpice avance. Il adore cueillir des pissenlits avec Jenny, observer la procession des fourmis dans la forêt. Le peintre sauvage des tigres éventrant des chevaux est de plus en plus fasciné par les vies minuscules. Il passe des heures à observer « une limace exactement mouchetée comme une panthère : anneaux larges sur le dos » (*Journal*, 15 octobre 1856).

Alors âgé de cinquante-huit ans, Delacroix n'a plus que sept ans à vivre. En cette année 1856, il a commencé à rédiger son testament, dressant méticuleusement la liste des légataires. Il souffre d'une laryngite tuberculeuse. Cette maladie finira par l'emporter. Une varicocèle qui l'a affecté à la fin des années 1840 le tourmente à nouveau. Cette affection aux testicules se manifeste au moment même où il est au plus fort de son travail sur Jacob. Son métier qui l'oblige à toujours se tenir debout, ou perché sur une échelle, augmente la gêne.

Cet homme très secret, d'une exquise et froide urbanité — Baudelaire a noté qu'il possédait « vingt manières de dire *Mon cher Monsieur* » —, décourage toute familiarité. Il lui faut maîtriser (mais à quel prix!) une nature nerveuse et passionnée, contradiction qui n'a pas échappé à la sagacité de certains de ses contemporains. « Il était moelleux, velouté, câlin comme un de ces tigres dont il excellait à rendre la grâce sourde et formidable », remarque Théophile Gautier dans un portrait célèbre. « Une aisance de manières merveilleuse... le tigre attentif à sa proie », note Baudelaire qui savait de quoi il parlait.

« Beau comme un tigre, même fierté, même finesse, même force », renchérit Odilon Redon qui l'aperçoit en 1859.

Le tigre, le léopard, le félin. La même comparaison carnassière sera reprise plus tard par Gauguin pour qualifier sa technique (« Le dessin de Delacroix me rappelle toujours le tigre aux mouvements souples et forts »). À croire qu'ils se sont donné le mot. L'image finira par devenir un stéréotype — en réalité, c'est le journaliste Théophile Silvestre qui, le premier, en 1855, parlera des « grâces félines » de Delacroix.

Une cruauté feutrée parcourt le *Journal*. On sent tout au long de ces pages le frémissement d'un Delacroix chassant en silence, étranglant sans bruit ses contemporains pour revenir solitaire dans sa tanière de Champrosay. Notre époque apprécie cette part féroce et sadique de Delacroix qui plaisait tant à Baudelaire. Et pourtant, la façon dont le poète, éperdu d'admiration, fut courtoisement éconduit par le maître après des débuts cordiaux devait être pour lui un souvenir désagréable. Le nom de Baudelaire n'apparaît d'ailleurs que quatre fois dans le *Journal*, auquel il faut ajouter la mention de quatre visites effectuées par « Dufaÿs », pseudonyme adopté un moment par Baudelaire — ce travestissement relevé par Armand Moss[1] est étrangement tu dans le *Journal* annoté par André Joubin.

Sous ce nom de Dufaÿs, emprunté à sa mère, Baudelaire se risqua même en 1847 à taper sans vergogne le peintre. Ce fait surprenant est toujours passé sous silence quand on évoque les relations entre les deux hommes. Delacroix lui-même mentionne deux ans plus tard le nom de Baudelaire, sans

1. *Delacroix et Baudelaire*.

faire allusion au Dufaÿs qu'il a secouru. Les liens exceptionnels que les deux hommes auraient tissés relèvent de la légende. L'un était au faîte de sa gloire, l'autre apparaissait alors comme un raté. Si Delacroix appréciait les éloges de Baudelaire, il ne faisait aucun cas de sa poésie et ne comprenait rien à ce personnage fantasque si étranger à son tempérament et à son milieu. « L'espèce de décousu et l'incompréhensible qui se mêle à ses conceptions ne va pas à mon esprit », note-t-il avec mépris le 30 mai 1856. Le dandy de l'hôtel Pimodan était un être insupportable mais, pour Delacroix, il s'est mis en quatre. Il a voulu obtenir un peu de sympathie. Le maître la lui a toujours refusée. Avant de mourir, Baudelaire laissera pourtant échapper son amertume, parlant du peintre comme d'« un grand égoïste[1] ». Dans le fameux *Hommage à Delacroix* de Fantin-Latour, on peut voir Baudelaire, Manet, Braquemond, Legros, Whistler. Aucun de ces personnages ne fut un adepte du maître. Sauf un, Baudelaire. Le seul disciple de Delacroix c'est lui, comme l'a affirmé Philippe Jullian.

Figure inclassable, Delacroix n'a jamais appartenu à la bohème parisienne — le débraillé et l'excentricité le dégoûtaient. Bien qu'issu de la haute bourgeoisie, il a dû très tôt gagner sa vie. Sa jeunesse fut pauvre. La peur de manquer l'a toujours hanté. « J'ai compris de bonne heure combien une certaine fortune est indispensable à un homme qui est dans ma position [...]. La dignité, le respect de son caractère ne vont qu'avec un certain degré d'aisance. »

1. Lettre à Jules Troubat, 1866.

Il gère son argent avec circonspection, choisit ses placements, achète des actions du canal de Bourgogne. Il tient une comptabilité méticuleuse de ses dépenses — ses carnets exposés au musée de la rue Furstenberg sont hallucinants dans leur énumération maniaque. À l'époque de Saint-Sulpice, ses tableaux se vendent bien, il est à l'aise, mais il a toujours mené une vie modeste : « J'aime la médiocrité; j'ai le faste et l'étalage en horreur. » S'il critique les mondanités, il sait fort bien y sacrifier. Dans son livre de souvenirs, l'écrivain Arsène Houssaye le décrit comme « l'hôte le plus gai, le plus imprévu, le plus lumineux qu'on pût avoir ». Il ajoute : « Sa table était exquise. »

Un point sur lequel on insiste peu. On ne voit que l'artiste animé du feu sacré. L'exigence élevée, la ferveur intellectuelle, le souci du beau, présents tout au long du *Journal* ne doivent pas faire oublier un Delacroix très attentif à la bonne chère. En début d'année, il note scrupuleusement ses commandes en bordeaux, s'intéresse à la qualité des millésimes et, chose plus rare pour l'époque, témoigne d'une vraie curiosité pour l'œnologie — il sait par exemple que si les vieux ceps produisent peu, leur qualité est excellente.

L'année 1856 s'ouvre ainsi dans le *Journal* par des pense-bêtes concernant des adresses de jambon d'Angleterre et de Mayence. Le 10 avril, il consigne : « Échéance de Bouchereau, 575 francs. » Bouchereau est son marchand de vins de bordeaux.

Le peintre relate une anecdote qui en dit long sur l'importance accordée à la gastronomie. Il évoque la mort d'un certain Dugas, traiteur réputé pour l'excellence de ses pâtés.

Non seulement il meurt sans révéler le secret de sa recette, mais aussi il déshérite ses fils. « Ceci est le trait de caractère de l'artiste », commente Delacroix non sans ironie, mais avec une certaine admiration.

Un mauvais cigare peut lui faire rater une toile. Je possède un bordereau de commande au nom de Delacroix provenant de la Civette du Palais-Royal. À l'évidence, il était un bon client et fort éclectique dans ses goûts, appréciant aussi bien le havane que le manille. À en juger par ses carnets de comptes, il en fumait beaucoup à l'époque des Saints-Anges. Delacroix paraît correspondre à la définition du puritain hédoniste : un usage sobre et presque sévère des plaisirs. « Il faut se borner », « savoir se contenter », « l'homme supérieur sait s'arrêter », répète-t-il. Il faut toujours en revenir au *Journal*, il nous en apprend autant sur la vie organique de Delacroix que sur son âme.

Ce texte est une subtile odyssée des cinq sens. Le plus aiguisé est évidemment la vue. Toutefois, la faculté de voir reste attachée chez lui au toucher et à l'odorat. Un parfum le bouleverse, rappelant violemment le temps de sa jeunesse : « Je me persuade que je suis heureux du souvenir seul de mon bonheur passé. » Quand Delacroix évoque les carnations et son ambition de rendre « la transparence du sang sur la peau », c'est le peintre conscient de la texture et de la compacité des chairs qui parle. Il sait que le toucher et la vue font partie égale. L'œil palpe. Au début *La Lutte* est une prise de contact. Avec inquiétude, Delacroix passe la main sur le mur qu'il doit couvrir. Il en sent les dépressions, les massifs, les vallées. Comment unir cette surface, en chasser les reliefs?

Aujourd'hui encore, on voit clairement la pression sur le mur avec ses coulées asymétriques, ses surfaces plus lisses, d'autres moins unies. L'entrecroisement ou la juxtaposition des touches comme un ourdissage font penser au travail d'un tisserand. Ces mailles en relief cachent-elles un motif secret? Henry James appelait cela la « figure dans le tapis ». L'invisibilité de l'évidence peut-être, comme dans *La Lettre volée* de Poe.

À contre-jour, les empâtements d'huile, de résine et de cire, les hachures donnent l'impression d'une surface martelée par le pinceau. Le laboratoire de recherche des Monuments historiques a identifié un nombre incroyable de couches — la robe de l'Ange en possède jusqu'à treize[1].

La Lutte est une peinture montueuse et accidentée — l'artiste admirait chez Rubens la saillie et l'épaisseur. Elle ressemble parfois à un crépi. Delacroix a été pris de découragement. « La matière retombe toujours dans la tristesse », a-t-il écrit un jour — on dirait du Baudelaire! Il a pétri le mur vide, produit des plissements montagneux qu'il s'est employé ensuite à écrêter. Mais *La Lutte* reste bosselée, gaufrée. Il y avait du sculpteur chez Delacroix.

Parfois il n'en pouvait plus d'être enfermé dans sa chapelle-cachot. Comme tout prisonnier il frappait, impuissant, ce mur derrière lequel il imaginait la délivrance.

1. Rapport n° 281 (3 février 1976).

CHAPITRE IX

Un ange entre les tours

1er octobre 1998. 9h30. Je me propose, selon l'habitude, de faire ma dévotion à Delacroix. Débouchant du Luxembourg par la rue Bonaparte, je distingue au loin sur la place Saint-Sulpice un attroupement inhabituel. Postés près de la mairie du VIe arrondissement, les badauds ont tous le regard fixé vers l'église. L'anxiété se lit sur leurs visages. L'air concentré et dur des agents en tenue indique qu'un drame est en train de se jouer. Je presse le pas.

Entre les deux tours de l'église, suspendu dans le vide, marche un funambule. Il se trouve presque à mi-distance. Le vent est très fort. Manifestement le danseur de corde a du mal à tenir en équilibre. Il flotte, oscille, s'employant à rester immobile. Parfois le balancier qu'il tient s'agite dangereusement. On dirait qu'il bat des ailes. Le déploiement du contrepoids, la fragilité du funambule font penser au corps d'une libellule, l'abdomen en forme de baguette.

— C'est un ange! s'exclame dans l'assistance une voix fluette.

— Le saut de l'ange! Eh bien! il ne va pas tarder à rejoindre le paradis, réplique une voix d'homme.

La mauvaise plaisanterie provoque dans le public des murmures de réprobation. Mezza voce, on salue le courage de l'équilibriste, sa folle inconscience.

— Le fil n'est pas assez tendu, il va tomber!

— Le vent... C'est le vent qui le met en difficulté.

— Mais non, il connaît son affaire. Regardez, il guette l'accalmie.

— On dirait qu'il a froid.

Chacun y va de son commentaire. Les sautes de vent détournent les jets d'eau qui éclaboussent la place et l'embrument de fines gouttelettes. Les clients du café de la Mairie sortent pour voir l'équilibriste, les consommateurs en terrasse se sont levés. L'arrivée d'un fourgon des pompes funèbres devant l'église ajoute à la confusion générale. D'ordinaire plus assurés, les croque-morts ne savent quelle contenance adopter. Ils regardent hypnotisés le funambule en danger tout en déchargeant distraitement les couronnes mortuaires. L'irrésolution se lit sur les visages, à l'image de l'homme immobilisé sur son fil. La famille du défunt vient d'arriver.

— Il ne manquait plus que cela, s'exclame un garçon de café. Si le glas se met à sonner, ça risque de mal tourner.

— Pourquoi? interroge un client.

—Vous ne voyez pas! La tour nord... C'est là où se trouvent les cloches. Elles font un de ces bousins! La surprise va le faire trébucher.

Sur les toits de l'église surgit un groupe d'hommes. Ils marchent avec précaution sur la terrasse. « Les pompiers! » murmure une voix. Je me prends à songer qu'on a rarement contemplé l'église avec une telle tension. En ce début d'automne les deux tours peintes en 1824 par Delacroix se détachent avec une extrême netteté dans l'air du matin. La forêt de colonnes que déploie la façade fait plus que jamais ressortir la théâtralité du sanctuaire et le caractère dramatique de cette voltige aérienne. On n'entend plus que le murmure de la fontaine.

Il faut viser longuement le filin pour en apercevoir la ligne qu'il trace entre les tours. Le trait paraît dangereusement déraidi. Le pas que tente d'accomplir le funambule donne encore plus de mou au câble. En même temps il se sert de cette absence de tension comme d'un ressort. En plusieurs bonds il se rapproche de la tour sud mais une série de rafales lui fait perdre l'aplomb. Le balancier tangue. L'acrobate est désarticulé. Il plie le genou droit. « Oh! » soupire l'assistance. Par cette génuflexion le héros semble demander grâce. Mais à qui? Au vent? De fait, les rafales s'apaisent.

En un instant, il se retrouve sur la tour sud. Il s'est servi de la corde comme d'un tremplin. Un vrai numéro d'escamotage. On est passé de la culbute annoncée au triomphe. Le funambule lève les bras en signe de victoire. Plusieurs spectateurs haussent les épaules, comme s'ils regrettaient leur peur. L'assistance a déjà tout oublié.

La cérémonie funèbre peut commencer. Tout revient dans l'ordre.

S'écartent alors lentement les deux vantaux de la grande porte d'entrée qui ne s'ouvre que pour les enterrements et la grand-messe du dimanche. Il y a quelque chose de majestueux dans cette ouverture. Sans doute en raison des sept travées d'entrée que sépare la masse démesurée des colonnes cannelées. Les deux immenses panneaux glissent, se déploient en grondant : le spectacle possède une beauté barbare, d'autant que sur le tympan supérieur de la porte on peut déchiffrer cette inscription : *« Le peuple françois reconnoit l'Être suprême et l'immortalité de l'âme. »* Le caractère d'imprimerie, très utilisé à l'époque révolutionnaire, est un Didot détouré et ombré. On a manifestement tenté de l'effacer mais l'empreinte demeure, vestige de l'époque où le « temple Sulpice », désaffecté à la suite du décret du 13 brumaire an II, était dédié à la déesse Raison.

Chaque fois que s'ouvre la porte monumentale de chêne aux veines grises, Saint-Sulpice change d'aspect. La béance déleste soudain la lourde façade. L'église se met à respirer. La trouée opère un étrange phénomène en fendant d'abord la nef d'un rayon puis la lumière se déverse à flot rejoignant le demi-jour du sanctuaire, comme la réunion de deux fleuves dont les eaux se confondent. Sous cette porte j'ai vu passer la bière de Louis Malle tandis que Miles Davis jouait *Ascenseur pour l'échafaud.* Je me souviens aussi du silence lorsque le cercueil de Marcello Mastroianni a quitté l'église. Le convoi funèbre venait de partir. Alors, l'assistance s'est mise à applaudir.

Les enterrements siéent à Saint-Sulpice. Ils l'illuminent et vont même jusqu'à lui donner un air de gaieté. Ce n'est pas une église qui porte naturellement à la méditation. Huysmans l'a comparée à un embarcadère de chemin de fer. Trop glorieuse, trop claire, pas assez réfléchie — la lumière y pénètre sans détour —, elle n'est décidément pas sulpicienne.

« Le style sulpicien » cependant n'est pas mort. Autour de la place les boutiques de mode ont remplacé les marchands d'objets de piété. Les deux industries se ressemblent étrangement; le même air inhumain de bigoterie et de souffrance. Les mannequins malingres et les vierges émaciées ne sont pas si différentes : même mystique de la mortification, même affliction de la chair, même tristesse.

La messe d'enterrement est brève. Depuis la grande porte ouverte sur la fontaine Visconti dite des « points cardinaux » (aucun des quatre évêques qui y figurent ne reçut la pourpre), j'aperçois la tête de Fénelon enveloppée d'un léger brouillard. Le Cygne de Cambrai fut ordonné à Saint-Sulpice, il y commenta l'Écriture sainte pendant trois années. Son voisin (et ennemi) Bossuet a beau scruter la boutique Yves Saint Laurent, on a l'impression qu'il le surveille du coin de l'œil.

Il n'y a pas beaucoup de monde à la cérémonie. Douze êtres pour se souvenir et résumer une vie, c'est peu. Surtout à Saint-Sulpice où même lorsqu'il y a foule l'église paraît vide. Visiblement le défunt ne fait pas recette. Chacun vaque à ses occupations : touristes, fidèles, oisifs exécutent le ballet habituel autour des chapelles et le long des travées tandis que l'officiant tente d'insuffler au moment de l'Absoute quelque recueillement à la maigre assistance.

Je peux maintenant m'éclipser. Le cœur de la grande église a retrouvé son pouls de tous les jours. Dehors les croque-morts qui attendent la fin de la cérémonie clopent discrètement. Ils tiennent leur cigarette au creux de la paume et vont expirer la fumée derrière le fourgon mortuaire. Près du commissariat il me semble reconnaître le funambule. Les badauds l'entourent. Il a les cheveux en bataille, une fine moustache, et il arbore un sourire enjôleur qu'il désamorce par des clins d'œil narquois.

— Si le curé porte plainte, vous êtes cuit.

L'homme qui s'adresse au funambule est un inspecteur de police. Très élégant, il porte une chemise à col italien et une cravate à fleurs en soie au nœud bien cossu. Il parle au funambule avec douceur, presque paternellement.

— Vous comprenez, il y a trop d'abus. La grande mode aujourd'hui, c'est d'escalader de nuit l'église et de parvenir au sommet d'une des deux tours. C'est absolument interdit. Si j'ose dire, vous avez trop tiré sur la corde.

— Ce sont les alpinistes qui tirent sur la corde. Moi je marche dessus, ce n'est pas la même chose.

Il parle avec un accent étranger. L'inspecteur, qui ne sait trop si ce propos est insolent, décide de ne pas relever. Mais il précise :

— C'est pire. Vous vous êtes laissé enfermer la nuit dans l'église.

— Je me suis laissé enfermer, c'est vrai, mais il fallait bien que je réceptionne le matériel.

— En plus, vous avez un complice !

Le funambule, embarrassé, garde le silence.

— Encore une fois, ça ne dépend pas de moi. C'est le curé qui décidera. Au revoir, monsieur, et de grâce ne recommencez plus, vous nous avez fait si peur.

Je m'approche du funambule qui murmure alors que l'inspecteur s'éloigne :

— Je recommencerai, bien sûr. Il ne peut pas comprendre. Pour un funambule ces deux tours sont un défi.

— Qu'ont-elles de si particulier?

— On dirait qu'elles ont été construites pour nous. Trente-deux mètres de distance entre les deux! On peut fixer facilement un câble. Et à soixante mètres de hauteur la vue est extraordinaire. Même pour vous depuis la place! Regardez : les deux tours limitent l'espace comme la bordure d'un tableau et font ressortir les caprices de la lumière et les mouvements du ciel.

Il me raconte qu'il a naguère traversé la Tamise sur un fil. Non sans fierté, il précise qu'il avait bloqué à cette occasion la circulation pendant deux heures.

— Un funambule n'est pas un ange, hélas! il ne vole pas, rigole-t-il, il marche, il avance péniblement sur le vide. Le vide a beau n'être ni solide ni liquide, c'est un espace terriblement plein. Le vide du funambule noie plus sûrement que l'eau et ensevelit plus profondément que la terre, déclare-t-il sentencieux.

Il me parle avec enthousiasme de Saint-Sulpice, « la plus belle église de Paris ». Je m'aperçois qu'il connaît bien son histoire, son architecture. Delacroix? « J'ai voulu lui rendre hommage », assure-t-il. Comme je m'étonne de la nature de ce témoignage d'admiration il répond :

— Venez, allons le voir.

Au moment où nous entrons dans l'église, la bière franchit le portique. La cérémonie des obsèques est terminée. Une des personnes qui suivent le cercueil tient une bouteille d'eau minérale à la main. Le funambule se dirige vers la chapelle des Saints-Anges.

— Là-haut, j'ai lutté comme Jacob, plaisante-t-il.

— Certes. Mais le combat n'est pas de même nature.

— *La Lutte* est aussi une histoire d'équilibre. Regardez l'Ange et Jacob, ce sont deux forces égales agissant en sens contraire. Cette peinture est fondée sur le principe de la composition des forces, autrement dit de l'équilibre.

— Jacob et l'Ange ne font pas pour autant de l'acrobatie sur un fil.

— Non, mais vous admettrez qu'ils sont en équilibre instable. En réalité, c'est l'Ange qui fait le boulot. Tout repose sur lui. Sa jambe droite a une bonne assiette. Et regardez son bras gauche qui fait balancier! Il compense admirablement la poussée de Jacob. Cet ange est un modèle pour moi. Je n'ai cessé de penser à lui là-haut.

— Mais vous ne pouvez pas limiter cette peinture à une histoire d'équilibre...

— Bien sûr que non! Jacob affronte cette épreuve seul. Il a tout écarté autour de lui : sa famille, ses serviteurs, ses troupeaux. Il va franchir un passage.

— Alors Jacob, c'est vous! Vous enjambez le vide, vous passez de la tour nord à la tour sud, c'est votre gué du Yabboq?

— Je vous l'ai dit, mon modèle c'est l'Ange. Jacob serait plutôt l'adversaire. C'est mon vide à moi. L'Ange doit le maîtriser...

J'essaie en vain d'attirer son attention sur l'*Héliodore*, sur l'ange volant qui fouette l'homme à terre. Cette peinture ne l'intéresse pas.

Je comprends soudain pourquoi : Héliodore est maladroit de ses pieds, il a perdu l'équilibre.

CHAPITRE X

Mille neuf cent quatre-vingt-dix-huit

« Vous êtes venus écouter de la musique. Pas des mots. » Soirée de mai à Saint-Sulpice. Une de ces journées étincelantes où la lumière n'en finit pas de décliner. Les petits cris que poussent les martinets en frôlant la fontaine sont perceptibles jusque dans l'église.

Installé à côté du maître-autel derrière un pupitre, je me sens peu à mon aise. L'auditoire, venu assister à un concert dédié à la mémoire d'Eugène Delacroix, me regarde avec curiosité. Je sens le silence, un de ces silences pesants, trop attentifs dont on ne sait s'ils sont l'expression de l'embarras ou d'un excès d'urbanité. L'assistance est composée de paroissiens de Saint-Sulpice et de mélomanes, l'un n'excluant pas l'autre, ainsi que d'admirateurs du peintre. Au tout premier rang, je reconnais la conférencière et quelques membres de son escouade haute couture. Elle m'adresse un petit signe qui se veut encourageant. Il est vrai que je ne fanfaronne guère.

Nous sommes le 26 mai 1998. Le concert a été organisé par l'Association pour le rayonnement du grand orgue de Saint-Sulpice. Une manifestation parmi d'autres qui marque le deux centième anniversaire de la naissance de Delacroix. Pas moins de neuf expositions à travers la France commémorent la naissance du peintre ! La prochaine fois on en parlera en 2063, le deux centième anniversaire de sa mort. Bientôt « l'année Delacroix » ne sera plus qu'un souvenir. Les critiques ont saisi l'occasion de la naissance pour « situer » le peintre par rapport à notre « modernité » et pour produire de nouvelles « expertises » sur l'œuvre.

En acceptant l'invitation, j'avais cru pouvoir ensuite me dérober. Une fois de plus j'avais trop compté sur de misérables alibis. Le jour arriva sans que je pusse me décommander. Les cartons d'invitation avaient été envoyés. Mon nom y figurait avec quelques mots de mon cru. Une citation de Maurice Sérullaz était aussi reproduite. Voisinage flatteur ! Décédé en 1997, Maurice Sérullaz est reconnu comme l'un des meilleurs spécialistes de Delacroix. J'étais allé lui rendre visite quelques mois avant sa disparition — il habitait à Paris dans la rue... Eugène-Delacroix. Il fut en 1963 le commissaire général de la grande rétrospective organisée pour le centenaire de sa mort. Son ouvrage, *Les Peintures murales d'Eugène Delacroix*, est un classique.

Au cours de la conversation que j'avais eue avec Maurice Sérullaz, il m'avait fait part de sa conviction : Charles Delacroix était bien le père d'Eugène, « même si dans un tel domaine, avait-il ajouté, on n'est jamais sûr de rien ». Nous avions aussi évoqué les préparations au bitume qu'utilisait Delacroix. Ce procédé a beaucoup noirci certaines de ses toiles. Le vernis au copal en a jauni d'autres. Il adorait essayer de nouvelles techniques mais, dans les dernières années, il finit par admettre que ces moyens modernes avaient un effet désastreux. « Tous ces tableaux périront prochainement », prophétise-t-il en 1857. « Il n'a pas bitumé *La Lutte*, m'avait expliqué Sérullaz, mais la peinture s'est beaucoup ternie à cause des courants d'air. La porte d'entrée s'ouvre presque sur la chapelle. Imaginez la fraîcheur des couleurs quand il termina en 1861. La fulgurance est toujours là, mais amoindrie. C'est une chose qu'on mesure mal aujourd'hui. »

Pourquoi cette intervention dans un concert donné à la mémoire de Delacroix? Je suis connu comme le loup blanc à Saint-Sulpice. Le curé de la paroisse et ses abbés, le sacristain et ses auxiliaires, la dame qui vend des cartes postales dans la sacristie, tous les permanents de l'église sont au courant de mes activités. Ils tolèrent mes façons qui doivent leur paraître bizarres et me témoignent non seulement de la compréhension, mais aussi, je crois, une certaine bienveillance. Mon obsession doit les amuser. Au fond, je suis une sorte de Quasimodo de Saint-Sulpice, esprit claudicant et importun, pris d'une passion biscornue pour cette église-Esmeralda. « Qu'avez-vous trouvé dans la chapelle des Saints-Anges? » s'enquiert régulièrement le sacristain avec sa politesse impassible. Depuis que je lui ai parlé d'un « sens caché » à propos de *La Lutte*, il s'informe de l'état de mes recherches. On m'a vu aussi à la télévision commenter la chapelle de Delacroix pour une émission intitulée *Le Jour du Seigneur*. Parmi les habitués de Saint-Sulpice, je fais partie des figures originales. Il y en a quelques autres : le clochard de la rue Palatine — véritable sosie du peintre Courbet —, les cœurs affligés des Âmes du Purgatoire, le jeune mendiant qui tend si poliment la main à l'entrée de l'église.

L'orgue, on le sait, inspirait Delacroix lorsqu'il peignait aux Saints-Anges. « Il eût été probablement un grand musicien s'il n'eût pas choisi d'être un grand peintre », affirmait George Sand. Ses compositeurs préférés étaient Mozart, Cimarosa et Beethoven. Il éprouvait pour Chopin une vive amitié, c'était le seul contemporain qui trouvait grâce à ses yeux.

On jouera ce soir trois *Préludes* de Chopin. L'organiste invité, Gabriel Marghieri, lui-même musicien, a composé une *Lutte de Jacob avec l'Ange* qu'il interprétera tout à l'heure. Avant le concert il m'a avoué sa fascination pour l'orgue de Saint-Sulpice. « Il renferme puissance et mystère. La chair et le velouté de ses timbres correspondent bien à la pâte de Delacroix, m'a-t-il confié. Tous les organistes sont envoûtés par le Cavaillé de Saint-Sulpice. Il offre d'innombrables demi-teintes, des couleurs souvent sombres et permet une grande mise en espace du discours musical. » Il a parlé de couleurs pour désigner l'orgue…

Je dois présenter chacun de ces morceaux, évoquer les rapports de Delacroix avec la musique et surtout commenter les peintures de la chapelle des Saints-Anges. Rivées à leur muraille, elles se jouent des rétrospectives.

La situation peut paraître grisante pour un amoureux de Saint-Sulpice, mais je ne suis pas dupe de ce privilège, qui m'est conféré par d'anciennes tribulations. Pourquoi se le dissimuler : certaines personnes sont venues observer aussi l'ex-otage du Liban. Ce voyeurisme, je le reconnais, est rarement malveillant. Je me suis résigné à le voir entrer insensiblement dans mon existence comme une vieille relation qui a naguère partagé une épreuve terrible avec moi et dont je ne peux plus me défaire.

Ce compagnon encombrant qui m'empoisonne la vie, je ne puis le séparer de mon être unique, conscient et permanent. C'est ma zone sinistrée. Elle a besoin de rester dans l'ombre et dans le silence pour se relever des dévastations. Parfois j'ai tendance à oublier ces dommages, qui ne sont pas tous collatéraux, mais le regard d'autrui est toujours là pour m'en faire souvenir. Je n'y peux rien. J'accepte ces piqûres de rappel avec fatalisme. Aussi bien notre époque ne s'intéresse qu'à la fonction, jamais à la personne. On m'a enfermé dans un rôle, comme il existe le philosophe par temps calme, l'ex-collaborateur de Mitterrand critique mais fidèle, le créateur de start-up ruiné mais content. Ancien otage, c'est la raison sociale qu'on m'a octroyée.

Pour ceux qui ont suivi un peu attentivement ma mésaventure, cet emploi s'est assorti d'une spécialité : je suis l'ancien otage qui a *en plus* retrouvé la foi. Un peu mystique, donc. Traduisez : illuminé. L'intervention de ce soir correspond tout à fait à mes attributions. J'ai conscience de contribuer à entretenir ce personnage qui n'est pas moi ou seulement une part de moi.

À défaut d'une messe, Delacroix vaut bien un concert. Je n'ai d'ailleurs pas retrouvé la foi pour la simple raison que je ne l'ai jamais perdue. Je me suis résigné aussi à ces approximations qui ont au moins le mérite de constituer un bon fonds de plaisanteries. Ces malentendus ne sont pas une gêne pour moi, encore moins une souffrance. Ils font partie de la grande raillerie universelle. Dans toute tragédie il y a une part de comique qu'on croit bon d'occulter sous prétexte que le malheur ne saurait admettre le mélange des genres. Constater l'intrication des deux est presque un tabou. Or, nous ne sommes préoccupés que du jugement d'autrui. L'homme aime tant être plaint; il ne peut supporter le moindre ridicule qui amoindrirait son infortune.

Les héros ridicules en littérature ont particulièrement ma faveur. Don Quichotte, entre autres. Il y a dans le ridicule une forme de candeur et d'abandon qui me touchent. Jean-Jacques Rousseau avouant : « Je suis ridicule » m'émeut plus que Voltaire, ce cœur sec souvent paralysé par le respect humain qui a toujours le mot « ridicule » à la bouche pour pourfendre ses adversaires. Ceux qui ont osé braver la moquerie ont conquis le monde. Le jour du 18 brumaire, les députés des Cinq-Cents se payaient la tête d'un Bonaparte parfaitement grotesque, et qui n'en avait cure. Pendant la Passion, le Christ a accepté avec le bâton qui lui tenait lieu de sceptre d'être un objet de risée. Dans le ridicule entre une part de tragique : la naïveté révèle le grotesque de la condition humaine. Le ridicule est un cœur pur, il ne se rend pas compte, et comme don Quichotte il combat tandis qu'on le moque dans son dos. La seule chose qu'on puisse reprocher à l'homme intime Eugène Delacroix est finalement la peur du ridicule.

Baudelaire a décrit son « humeur sarcastique » et son « cynisme souverain ». Pour Delacroix, homme du XVIIIe, le défaut capital de son rival Ingres est « le ridicule qui domine à un grand degré ». Son ironie traverse discrètement les pages de son *Journal* comme une protection. Delacroix n'a pas son pareil pour jouer au grand seigneur persifleur. Il distribue le blâme sous le voile de la louange et feint l'ignorance. Cette attitude contraste singulièrement avec sa façon de se mettre en danger lorsqu'il peint. De *Sardanapale* jusqu'au Salon de 1859, il est admiré mais aussi beaucoup tourné en ridicule.

C'est dire que je suis sans illusions sur le sens de ma prestation. Pourquoi y en aurait-il d'ailleurs? Je ne suis pas là pour faire un prêche. Mais enfin, derrière mon pupitre, j'ai pris la place du curé. Il y a quelque chose de cocasse dans cette intervention, de saugrenu même — c'est l'adjectif approprié : ne signifie-t-il pas grain de sel? Cette façon de mettre son grain de sel quand on n'est pas vraiment fondé à le faire, c'est moi ce soir. Tant de voix fameuses ont retenti sous ces voûtes! Celles de Bossuet, du Grand Condé. Je ne me fais pas faute de le rappeler. Dans un silence de mort je mentionne aussi que dans cette église furent baptisés Sade et Baudelaire. Et Talleyrand... La conférencière remue sur son siège. Impossible de savoir à son expression si elle est ravie ou contrariée, elle qui cite si souvent Baudelaire.

J'en viens à Delacroix. Je rappelle que cet agnostique fréquentait beaucoup les églises. « Il n'avait peut-être aucun sens religieux, mais c'était à coup sûr un grand peintre religieux », dis-je assez acrobatiquement. Bien sûr, il faudrait développer les attitudes contradictoires, voire paradoxales, de Delacroix en matière de religion. Homme des Lumières — mais convaincu aussi de l'imposture du progrès —, il est profondément marqué par le christianisme. L'activité destructrice du mal, la déchéance, la misère de l'homme seul sont présentes tout au long de son œuvre, mais transfigurées par la chaleur et la sensualité de la palette. Chez Delacroix, la couleur est une rédemption. *Le Christ sur la Croix* du musée de Vannes, *Le Christ au tombeau* de Boston sans parler de la série du *Christ sur le lac de Génésareth* témoignent d'un sens assez rare du message évangélique.

On m'écoute poliment. Quelques toux, des grincements de chaises discrets m'avertissent qu'il est temps de laisser la place à la musique. Je vais m'asseoir près dc l'autel sur une des stalles. J'ai au moins respecté le « timing », principe substantiel de toute réunion aujourd'hui, qu'elle soit séminaire, convention, table ronde, prêche, plénum ou garden-party. Le « timing », c'est la forme qui donne le fond à toute activité collective moderne. Ce n'est pas le contenu qui importe, mais le minutage.

Je n'ai pas outrepassé le temps qui m'était fixé : trois minutes. Le premier morceau est tiré du *Clavier bien tempéré* de Jean-Sébastien Bach qui peut s'interpréter sur tous les types de claviers. Saint-Sulpice a beaucoup compté dans la résurrection du *cantor* grâce à l'action d'Albert Schweitzer qui venait y jouer du Bach au début du siècle.

L'orgue de Saint-Sulpice est bien plus pur que celui de Notre-Dame mutilé par des bricolages destinés surtout à valoriser la virtuosité des exécutants. Conçu en 1781 par Cliquot, l'instrument, riche de soixante-quatre jeux devint rapidement célèbre dans toute l'Europe. Cavaillé-Coll, le grand facteur d'orgue, le reconstruisit, comme on le sait, à l'époque où Delacroix peignait la chapelle des Saints-Anges. Avec cent jeux répartis sur cinq claviers, l'organiste a les moyens de faire vibrer sous ses mains et sous ses pieds sept mille tuyaux.

Depuis Nivers et Clérambault, l'orgue de Saint-Sulpice a toujours été confié à de prestigieux titulaires, tel Charles-Marie Widor, qui aimait s'adonner à des joutes musicales avec Gabriel Fauré aux commandes de l'orgue du chœur. Entre l'église et cet instrument de sept étages pris dans son écrin de pierre existe le secret accord de la mesure et de la grandeur.

J'ai appris l'existence d'un mystérieux troisième orgue ayant appartenu au Dauphin, fils de Louis XV, qui se trouvait à Trianon. Vendu aux enchères à la Révolution, il fut récupéré par le curé de Saint-Sulpice en 1804 lors de la visite dans cette église du pape Pie VII venu à Paris pour le couronnement de Napoléon. En 1926 cet orgue fut entreposé derrière la porte située sous l'*Héliodore* de Delacroix. Le coin est sombre. Il l'était moins lorsque le peintre travaillait aux Saints-Anges. Les immeubles haussmanniens de la rue Palatine et de la place Saint-Sulpice ont par la suite ôté beaucoup de lumière.

Nouvel interlude. Le curé de Saint-Sulpice est venu me parler à voix basse pendant le morceau de Bach : « N'oubliez pas de parler de *La Lutte*... La signification du combat spirituel. » Il y a quelque chose d'inflexible et d'enjoué chez ce prêtre. Il respire une autorité placide, le contraire du despotisme que pratiquait le curé de mon enfance. Un air à la fois concentré et allègre : un vrai meneur d'âmes dans la tradition des Messieurs de Saint-Sulpice.

Nous avons souvent discuté de la signification de *La Lutte*. Il s'interroge. Une phrase du *Journal* datant de 1822 l'intrigue : « Il y a en moi quelque chose de plus fort que mon corps... Si l'âme n'avait à combattre que le corps! » Il hésite sur le sens à donner aux deux peintures des Saints-Anges : « A-t-il voulu reconnaître qu'au bout du compte on n'échappait pas à la marque de Dieu? A-t-il voulu signifier qu'il fallait bien un jour, au bout du combat, reconnaître Dieu et, comme Jacob, lui demander sa bénédiction? » Il se refuse à trancher.

J'ai le sentiment de vivre un moment unique, privilégié, mais peut-être s'apparente-t-il aussi à une forme d'imposture. Ne suis-je pas à la place de quelqu'un d'autre? Je n'ignore pas que les laïcs prennent une part grandissante dans le culte et qu'ils occupent la même position que moi quand ils viennent lire des passages de l'Ancien Testament ou des lettres de saint Paul.

Mais, ce soir, il s'agit de Delacroix. Comme tous les grands peintres, le maître a suscité autour de son nom un ensemble de croyances et de pratiques qui peut s'apparenter à un culte, avec son clergé, ses fidèles et ses bigots. Cette religion compte-t-elle plus de prêtres que de paroissiens?

Aussi bien cette liturgie ne se pratique qu'aux dates anniversaires sous la forme de cérémonies : expositions, albums, conférences. J'ai conscience d'être un intrus. En même temps on m'a inculqué depuis mon enfance qu'une église légitime et sanctifie toute parole. Voilà qui explique sans doute le sentiment d'usurpation. Toutefois il ne me déplaît pas d'avoir, pour quelques instants, laïcisé le culte.

Je m'assois, éreinté, tandis que retentissent les premières notes de *La Lutte avec l'Ange*. C'est très doux, porteur en même temps d'une puissance qui croît jusqu'à la fureur. J'imagine qu'il s'agit de la description du combat — la reconnaissance, les corps qui tâtonnent et se cherchent sans violence dans le noir. Comme au judo, l'exercice exige plus de méthode que de force, le but de l'assaut étant de faire tomber ou d'immobiliser l'adversaire.

En écoutant le morceau, je suis frappé par l'intitulé. On dit toujours la lutte *avec* l'Ange, jamais la lutte *contre* l'Ange. Je n'y avais jamais pensé. Quand on lutte, c'est contre quelqu'un. Une connivence secrète existe donc dans cette joute à mains nues. Jacob et l'Ange sont de mèche. Pourtant le combat n'est pas truqué. C'est la part insaisissable, irrévélée de ce duel. Car Jacob risque la mort (« J'ai vu Dieu face à face et j'ai eu la vie sauve »). Tout est dans la prise, dans la poussée pour déstabiliser l'adversaire. Certains traducteurs qui suivent le texte de la Genèse au plus près n'hésitent pas à parler d'un « combat de boxe[1] ». Le funambule avait raison : la perte d'équilibre est mortelle.

---

1. Robert Couffignal, *La Lutte de Jacob avec l'Ange*.

Le morceau suscite une série de sentiments qui s'enchaînent et s'opposent : le mystère, la nuit, la frénésie d'une lutte sauvage, à la fois l'immobilité et le mouvement. Le compositeur a entrecoupé la musique de silences dramatiques qui symbolisent la quasi-immobilité de l'Ange. Je sens une émotion dans l'assistance; je peux la palper depuis la position que j'occupe. Elle vibre et se propage par vagues sans pour autant suivre le flux de l'orgue. Le va-et-vient harmonique se fait plus rapide comme une mer qui se lève, poussant brusquement les flots les uns contre les autres. Puis la violence tombe peu à peu, le passage final décrit l'apaisement de l'aube et le combat qui s'achève.

À la sortie, la conférencière m'aborde avec sa causticité habituelle.

Toujours chez elle ce mélange de provocation et d'approbation empoisonnées. Ce soir elle s'est surpassée dans le chic sulpicien : collier d'aiguilles, poignets de force, veste de cuir noir et rouge sanglant aux lèvres! Elle me regarde droit dans les yeux et déclare comme si elle avait deviné mes pensées :

—Vous avez parlé du baptême de Sade dans cette église. Mais vous auriez pu aussi faire allusion au sadisme de Delacroix!

— Était-ce bien l'endroit? Et puis c'est un thème un peu éculé. Baudelaire que vous aimez tant citer a tout dit à ce sujet. Bataille..., vous devez aimer Bataille, il a dit que la peinture de Delacroix est liée à la représentation de la mort.

—Vous voyez bien! lance-t-elle triomphalement.

— Il parlait de son œuvre en général. Justement, je n'ai pas l'impression que *La Lutte* entre dans la définition de Bataille.

— C'est possible. En tout cas, Delacroix est mort une fois cette peinture terminée.

— Ce n'est pas tout à fait exact, il a eu un répit de deux années. Il ne s'est jamais remis de ce labeur et peut-être aussi de l'accueil mitigé. En tout cas je ne vois pas l'image de la mort dans *La Lutte*. C'est la vie au contraire. Les premiers battements du monde. L'aube de la création. L'*Héliodore* est différent. La profanation du Temple avec l'homme à terre, c'est l'épreuve de vérité : l'effroi, la mort, un monde déréglé.

La conversation nous a rapprochés de la chapelle des Saints-Anges. Difficile de l'éviter quand on quitte l'église. À cette heure, alors que la nuit est tombée depuis longtemps, les projecteurs jettent une clarté aveuglante sur les deux peintures murales. Ces spots installés face à face faussent la perception des deux panneaux. Il eût été préférable de les disposer depuis la verrière de façon à respecter au moins l'orientation de la lumière venant de l'extérieur. Delacroix l'avait voulu ainsi et, même si le *Journal* n'en dit mot, il est probable que le plein jour lui a compliqué la tâche — c'est pour éviter cet embarras que les peintres choisissent généralement leur atelier au nord.

Nous nous arrêtons devant la chapelle des Âmes du Purgatoire. La conférencière baisse le ton de sa voix et confie :

— Elle est inquiétante, cette chapelle. Ces peintures sur les murs, on dirait des fantômes. J'évite toujours ce lieu, malgré moi.

— Vous avez raison : ce ne sont plus que des ombres.

— Oui, le royaume des ombres. C'est ainsi que je me représente les puissances infernales, le séjour d'Hadès.

— Elle est dédiée aux âmes du Purgatoire...

— Je sais, répond-elle avec agacement. Je parlais des Enfers dans la mythologie. Pas de l'enfer chrétien réservé aux damnés.

Le sacristain invite les retardataires à sortir.

— On ferme ou je vous enferme, dit-il.

J'ai eu peur, je l'avoue, qu'elle dise « Chiche ! ».

CHAPITRE XI

Maigret en Argonne

Un petit village de France fleuri et silencieux. Les champs de blé s'avancent jusqu'aux maisons alignées le long de l'unique rue. Contault-le-Maupas, commune indéfinie de l'Argonne, aux confins de la Champagne humide et de la Champagne crayeuse, n'est qu'une succession d'habitations de briques à colombages. Un village moribond se reconnaît à l'absence de piétons et à la place de l'église reconvertie en parking. Comme dans beaucoup d'agglomérations rurales, la disparition des commerces est rachetée par la présence de coquets bacs à fleurs et de jolis parterres le long des maisons.

Ces floralies villageoises ont sans doute pour but de signaler qu'à défaut de vie la bourgade compte des résidents bien vivants qui n'ont pas l'intention de s'en aller. Mais où sont-ils? De Contault, village à la fois banal et dépaysant, on pourrait dire qu'il possède « une grande beauté métaphysique » comme une peinture de De Chirico. Le fronton de l'église indique une date : 1825, unique balisage entre l'actuel et l'autrefois. Ces chiffres en suspens me font penser aux aiguilles arrêtées du peintre onirique — encore un artiste hanté par la figure d'un père disparu prématurément! Contault, soixante-dix habitants, est situé à quelques kilomètres de Givry-en-Argonne, berceau de la famille de Delacroix.

Après la disgrâce de son patron Turgot, Charles Delacroix acquiert en 1776 une propriété connue sous le nom de château de Contault et se fait appeler Charles de Lacroix de Contault, ce qui ne l'empêchera pas sous la Révolution de se présenter aux élections du nouveau département de la Marne sous l'étiquette « cultivateur à Contault » — peut-être estime-t-il que l'acquisition d'une ferme en 1791 dans la localité justifie cette qualité.

En 1792, il est élu député de la Convention. Mal orthographié, Contault se transforme en Contaut puis en Constant. Ce doublon va longtemps le suivre. C'est sous le nom de Delacroix de Constant qu'il votera en décembre 1792 la mort du Roi. En tant que secrétaire de la Convention nationale, il participe à la Déclaration des droits de l'homme et du citoyen. Parmi les nombreuses fonctions qu'il exercera, retenons celle de commissaire chargé de vendre à l'encan le mobilier du Petit Trianon ayant appartenu à la reine Marie-Antoinette.

En fin de compte, on connaît mal la personnalité de cet homme qui parvint aux plus éminentes fonctions de l'État — il fut ministre des Relations extérieures sous le Directoire, préfet des Bouches-du-Rhône puis de la Gironde sous l'Empire. Son parcours est typique de cette bourgeoisie provinciale qui a fait son apprentissage des affaires sous l'Ancien Régime et qui, sous la Révolution, fut investie d'une part notable du pouvoir administratif.

Résolu et habile, homme de caractère comme le prouve son comportement stoïque lors de son opération, sachant aussi avaler des couleuvres comme en témoigne sa facilité à accepter, après son renvoi, un poste moins prestigieux en Hollande, tels sont les rares traits laissés par le personnage.

Eugène n'aura pas beaucoup le temps de connaître ce père disparu en 1805, qui était de dix-sept ans plus âgé que sa mère. Dans son *Journal*, il évoque avec piété et admiration la figure paternelle : « Pense à ton père et surmonte ta légèreté naturelle! Ne sois pas complaisant avec les gens à conscience souple. »

L'origine de Delacroix justifie-t-elle ce voyage en Argonne? Assurément non. Je m'interroge souvent sur les liens assez louches que je ne cesse de tisser avec le passé. J'admire chez Maigret non pas le policier mais le patient chercheur d'indices. On n'a pas fait mieux que ce gros commissaire à l'épaisse placidité qui absorbe non seulement des demis de bière au bar, mais aussi des sons, des couleurs, des bruits. Cette façon de hanter les lieux du crime pour les flairer et les faire parler, la sagacité bonhomme du personnage me ravissent. Un détail en apparence négligeable, relevé instinctivement par Maigret, est toujours le signal du déclic. Avec Maigret, il n'y a pas que les coupables qui se mettent à table, les choses, les objets doivent aussi avouer, non pas comme des preuves à la manière de Sherlock Holmes, mais comme s'ils avaient une âme, ou tout au moins une histoire, un destin.

Eugène Delacroix entretenait le même rapport au monde matériel : « Je veux que le lieu que j'habite, que les objets qui sont à mon usage me parlent de ce qu'ils ont vu, de ce qu'ils ont été, et de ce qui a été avec eux. »

Il va de soi qu'aucun meurtre en relation avec la famille de Delacroix n'a été commis à Contault, mais il me faut humer l'atmosphère de ce village pour comprendre le début du « roman familial ». Je succombe une fois de plus à ma manie, cet exercice de piété à l'égard du passé. La filiation des événements perdus m'obsède — toujours la même histoire de recherche en paternité dans le temps qui n'est plus!

Ma quête en Argonne a commencé par une imprégnation toute simenonienne dans une auberge de Sainte-Menehould comme les aimait Maigret. Odeur de sciure et de cuisine à l'ancienne, vitres embuées, chuchotements recueillis et gourmands des habitués du coin.

Plus qu'une autre région de France, l'Argonne, théâtre du drame de Varennes, de la bataille de Valmy et des violents combats de 1915, est une terre qui multiplie traces et stigmates. Ces signes, visibles jusque dans les arbres (les fameux « bois mitraillés », vestiges des éclats d'obus), parlent certes de la perte et de la destruction, mais à la façon de marques vivantes et familières. Ils ne renvoient pas à la mort, ils sont au contraire témoignages de résistance et d'énergie. Cette vigueur de l'empreinte, j'espère en retrouver quelques marques à Contault.

Que peut révéler un village où le peintre n'a probablement jamais mis les pieds — pas plus lors de son premier séjour en 1856 qu'en 1859? Retrouver la trace d'un non-passage est une entreprise qui ne saurait être vouée à l'échec. Rien n'est effacé puisque aucune marque n'a été laissée. Tout peut arriver : un avertissement, une rencontre, une piste. Il existe un vieux mot de vénerie, *connaissances*, pour désigner l'empreinte de la bête chassée. Le destin des êtres qui passent sans *connaissances* me subjugue par son impossibilité. On laisse toujours une trace, fût-elle infime, dès lors qu'existe l'instinct résolu du chasseur. Charles Delacroix de Contault, lui, a au moins laissé un indice : ce nom à charnière. Il possédait une terre et une maison dans cette localité. Il doit bien en subsister une ruine, un emplacement.

J'erre dans la Grand-Rue, à la recherche d'un bruit qui permettrait au moins de me repérer, mais rien sinon les va-et-vient du vent qui s'engouffre entre les deux lignes de collines surplombant le village. « Tu crois que c'est habité ici? » s'inquiète ma femme Joëlle, qui m'accompagne en Argonne. La seule habitation qui paraît correspondre à une demeure de notable est située à l'entrée de la bourgade. Une solide construction de briques rehaussée d'une élégante porte cochère en plein cintre. Les volets sont cadenassés, le jardin bien entretenu. J'aperçois la mairie. Elle est fermée. Un écriteau indique toutefois le domicile du maire.

Il habite une maison ornée de splendides cosmos. Je sonne. Une belle et grande femme blonde m'ouvre. Qui suis-je? Un démarcheur? Un maraudeur? Maraudeur convient bien à ma conduite. Cette façon d'errer dans la campagne en quête d'un indice, d'une émotion, s'apparente à un chapardage sentimental. Croire que la révélation sortira d'une impression… Au fond, une forme de paresse : se laisser porter par l'élan, la sensation. Il est moins fatigant de sentir que de penser.

— Pourrais-je parler au maire? C'est bien ici qu'il habite?

— Vous y êtes, dit la femme en souriant.

Un homme jeune aux vastes yeux lumineux, l'air primesautier, accourt un marteau à la main.

— C'est moi le maire. Que voulez-vous? demande-t-il avec bonhomie.

Je lui explique en quelques mots le but de ma visite qu'au demeurant je ne connais pas moi-même, mais dans certaines circonstances je dois confesser que je n'ai pas mon pareil pour donner une certaine netteté au flou de ma démarche. Mon déplacement à Contault lui paraît tout naturel. Il connaît l'origine argonnaise de Charles Delacroix, mais aussi ses liens avec sa commune.

— Entrez! Je suis en train de bricoler. C'est samedi, s'excuse-t-il.

Quand il va chez les gens, le commissaire Maigret s'assied de force, qu'on l'y invite ou non, pour bien faire comprendre à son interlocuteur qu'on ne se débarrassera pas de lui en quelques minutes. Je fais de même non pour l'imiter, mais pour prendre plus commodément des notes.

Une échelle double est dressée près du mur du salon couvert de peintures marines qui ne manquent pas de délicatesse.

— C'est ma femme. Ça lui rappelle sa Bretagne. Contault, c'est sûr, n'a rien de marin. Et l'hiver parfois, c'est un peu triste.

Il me raconte qu'au temps d'Eugène Delacroix il y avait près de trois cents habitants à Contault alors qu'aujourd'hui il en reste à peine soixante-dix. Il prend à témoin Joëlle.

— Nous ne sommes plus que dix agriculteurs. Le paysan ici est une espèce en voie de disparition. Et nous n'avons que trois résidences secondaires.

J'évoque la propriété de Charles Delacroix. Il a localisé la ferme dans la rue principale mais pas le château.

— Écoutez. J'aimerais bien savoir, moi aussi. Ce château, ou du moins cette maison qu'on nomme château, je n'arrive pas à l'identifier. Il y a bien l'emplacement d'un château des Templiers à la sortie du village mais il ne correspond pas à celui de Charles Delacroix.

— Ne serait-ce pas cette bâtisse de briques assez massive située à l'entrée de Contault? dis-je.

— J'y ai pensé. Cela pourrait correspondre.... C'est la plus importante maison du village. Ce sont des Hollandais qui l'ont achetée. Mais rien n'indique qu'elle a été la propriété de Charles Delacroix.

— À la mairie pourtant, vous devez bien avoir des archives.

— Absolument rien. J'ai regardé, figurez-vous. Tout cela, c'était avant la Révolution. On ne nous a rien laissé.

Je sens que je vais revenir bredouille de mon périple en Argonne. Il devine ma déception.

— Vous connaissez Paul Loppin, je suppose?

Loppin, Loppin... Ah oui! je me souviens. C'était au château de Crozes près de Souillac. L'hôtesse m'avait raconté qu'un conseiller à la Cour de cassation était passé chez elle et qu'il avait exploré les archives familiales. S'il n'avait apparemment rien donné, ce passage à Crozes m'avait mis sur la piste de François-Joseph Heim, le voisin de Delacroix à Saint-Sulpice. Je suis persuadé que ces multiples fils qui s'entrecroisent composent un motif central. La châtelaine, je m'en souviens, m'avait raconté que ce monsieur Loppin avait retrouvé chez elle des lettres de Charles Delacroix d'une importance capitale.

— Vous savez que Paul Loppin a publié plusieurs brochures sur Charles Delacroix? Les avez-vous consultées?

— J'avoue que non. Ai-je eu tort?

— C'est très intéressant. Je me les suis procurées car il est beaucoup question de Contault. Je vais vous les montrer.

Le maire revient avec plusieurs opuscules. Ces études publiées chez Pierre Béarn sont parfois citées dans les bibliographies. René Huyghe, l'auteur du magistral *Delacroix ou le Combat solitaire*, tout en n'écartant pas l'hypothèse Talleyrand, évoque en appendice les recherches de Paul Loppin. Au terme de l'enquête, il apparaîtrait qu'Eugène Delacroix est tout simplement né avant terme et que Charles est bien le père.

À l'époque (1963), René Huyghe avait eu beau jeu d'objecter que l'hypothèse avancée par Loppin ne s'appuyait sur aucun fait ni aucun texte. Mais notre conseiller honoraire qui avait fait, semble-t-il, de cette incertitude l'affaire de sa vie n'en était pas resté là. Furetant à droite et à gauche, il avait fini par tomber un jour dans ce château du Lot. Les preuves qu'il cherchait, il les avait enfin trouvées dans une malle. Cette découverte fit l'objet d'une nouvelle publication en 1965.

— Vous trouverez tout dans cette brochure. Les lettres des époux Delacroix y sont publiées alors que Charles se trouvait en poste en Hollande et que Victoire, son épouse, était enceinte d'Eugène.

— Dites donc, vous avez l'air d'être bigrement au courant !

— À cause de Contault, s'excuse-t-il. Quand on est maire, on doit s'intéresser à l'histoire de sa commune.

À Crozes mon hôtesse avait évoqué cette découverte en faisant valoir que le ton affectueux employé par Charles Delacroix ne correspondait pas à celui d'un mari trompé. J'avais jeté un froid en rétorquant que de tels sentiments ne prouvaient rien.

Je parcours rapidement la brochure que me présente le maire, m'arrêtant à une lettre du 2 février 1798. Elle apporte un sérieux démenti à ceux qui affirment que Charles Delacroix était parti en poste à La Haye dans l'ignorance totale de la grossesse de sa femme. Non seulement il est au courant, mais il déconseille à Victoire de se rendre en Hollande, comme elle en a manifesté l'intention. « Il faut attendre au moins que les chemins et la saison soient meilleurs », conseille Charles, « ce qui, note Loppin, conditionne au moins l'apparition bien affermie du printemps ; d'où il est logique de déduire que l'accouchement n'est pas attendu pour les premières semaines printanières ». D'autre part, Loppin fait remarquer que si Mme Delacroix avait été une épouse coupable, elle n'aurait jamais songé à se rendre en Hollande et à « donner à son mari les signes chaque jour accrus d'une grossesse plus avancée que de raison ».

Tous ces faits, je le reconnais, sont convaincants mais ne sauraient toutefois constituer une preuve indiscutable. Paul Loppin l'admet d'ailleurs implicitement. Il produit une lettre du 19 avril 1798, selon lui, décisive. Elle est écrite par

Mme Delacroix et contient ce passage : « Je souffre toujours de cet effort que j'ai eu en montant en voiture en revenant de Paris, cela ne me retient pas tout à fait, mais je marche difficilement. J'espère pourtant que cela n'aura pas de suite. »

Pour Paul Loppin ces lignes constituent la clé de l'énigme : Victoire Oeben espère que le mouvement brusque qu'elle a fait en voiture n'aura pas de conséquence pour l'avenir. « Eh bien ! si, il y en aura une, écrit triomphalement Loppin, c'est exactement sept jours plus tard, le 7 floréal an VI, soit le 26 avril 1798, que naîtra Ferdinand Victor Eugène !!! » Le futur peintre était un prématuré.

Tandis que je suis assis sur le canapé, appliqué à prendre des notes, le maître de maison grimpé sur son échelle enfonce des clous avec son marteau. Un enfant lit sagement une BD sur une chaise. Joëlle regarde les peintures marines. Atmosphère studieuse que viennent parfois troubler les sautes du vent qui souffle sous la porte. Cette plaquette que j'examine, j'aurais pu la consulter à la Bibliothèque nationale. Mais il fallait qu'elle se révélât à moi, à Contault, comme pour signifier qu'un disciple de Jules Maigret finit toujours par être récompensé.

On conviendra toutefois, en dépit des cris de victoire de Paul Loppin, que ces éléments ne prouvent pas irréfutablement la paternité de Charles Delacroix, même si la probabilité est très forte. La viabilité d'un prématuré de sept mois, voire de six, paraît en effet difficilement envisageable pour l'époque. Certains spécialistes[1] n'ont pas manqué de relever le fait que, quelques jours après la naissance, l'allaitement de l'enfant est normal (« son lait passe bien », écrit la mère), ce qui est peu compatible avec un prématuré. Ces mêmes spécialistes penchent donc pour un temps de grossesse normal, admettant ainsi que Charles Delacroix ait pu procréer avant son opération. En revanche aucun fait sérieux, sinon une vague ressemblance, ne plaide pour la paternité de Talleyrand qui, d'ailleurs, ne l'a jamais revendiquée.

Dans les années 60, un passionné de Delacroix, Camille Bernard, avait patiemment rassemblé des documents sur le peintre. À René Huyghe, qui le cite dans son livre, il affirmait avoir découvert l'identité du vrai père de Delacroix. Il est mort en 1998. Toutes les archives ont été dispersées et vendues par ses héritiers.

Le maire me regarde amusé.

— À présent, je crois que vous êtes bien équipé.

— Quand même, dis-je, cette histoire de maison est frustrante. Peut-être Charles Delacroix n'a-t-il jamais habité Contault? Il se contentait de toucher les revenus de sa ferme.

— Non, il avait une habitation, j'en suis sûr. Il a résidé à Contault. J'en ai la preuve : un frère du peintre est né ici. Tenez, j'ai une copie de l'acte de naissance.

Il me tend un papier : Henry Delacroix est né le 12 juin 1787 à Contault. Il est décédé le 14 juin 1807 à Friedland.

---

1. « Faut-il remettre en cause la naissance d'Eugène Delacroix », par A. Camelin (*Histoire des sciences médicales*, tome XII, n° 2, 1978).

Henry Delacroix, une autre affaire que je ne parviens pas à élucider. Son frère Eugène ne le mentionne jamais dans son *Journal* alors qu'il est beaucoup question du frère aîné, Charles-Henry, général et baron de l'Empire, aide de camp du prince Eugène, décédé à Bordeaux en 1845. Une tradition familiale veut que les deux frères, Charles-Henry et Henry, se soient rencontrés au soir de la victoire de Friedland. Ils tombèrent dans les bras l'un de l'autre. Quelques instants plus tard, Henry était emporté par un boulet. Or, il est établi que Charles-Henry n'a pas participé à la bataille de Friedland. Henry, lui, n'était âgé que de vingt ans au moment de sa mort. Avec le maire, nous évoquons Friedland, théâtre d'une défaite sans appel de l'armée russe écrasée en quelques heures par Napoléon.

— C'est bête de mourir à vingt ans si loin de son pays, commente mon interlocuteur. En plus quand on a gagné.

Pourquoi cette envie soudaine de lui raconter que j'ai justement visité, il y a quelques années, le champ de bataille de Friedland, situé à une trentaine de kilomètres d'Eylau ? Je me sens en confiance, il règne dans cette maison une quiétude et une bienveillance qui portent à l'abandon. Je lui explique que Friedland et Eylau, localités de l'ancienne Prusse-Orientale, se trouvent aujourd'hui dans l'enclave russe de Kaliningrad. L'événement — « cette poussière », disait Fernand Braudel — a aussi laissé des traces dans l'ancienne province allemande. L'esprit du passé s'est déposé partout contre la volonté des Russes qui, après 1945, ont tenté de détruire toute trace de germanité. En parlant avec le maire je songe soudain que cette poussière-là, on ne pourra jamais la faire disparaître. Elle recouvre les murs des églises en ruine, les routes bordées de vieux tilleuls qui gardent encore des épaves de dallages datant de l'époque allemande.

Pourquoi, à Contault, en viens-je à repenser aussi intensément à cette qualité de silence, à cette tristesse rêveuse de la lande coupée par des ruisseaux et des fossés? À Friedland, je croyais voyager dans les années 30 quand les routes étaient vides et que les gens cheminaient à pied sur les bordures. Le ciel était immense, les arbres gigantesques. Je n'ai jamais revu dans un paysage une poussière aussi fine et aussi tenace.

— La poussière de Contault, il faut la chercher, dit le maire en riant.

— Oh! mais je ne repars pas bredouille.

— C'est vrai, chez nous il faut battre la campagne, dit-il avec une nuance de fierté dans la voix. C'est notre nom qui veut cela.

— Quel nom?

— Contault. Il paraît que ça vient du latin *conditus*, caché. Nous cultivons la discrétion. Allez à Givry, suggère-t-il avec son sourire juvénile.

— Givry? Il reste une trace des Delacroix?

—Vous verrez sur la rue principale. Au moins il y a une plaque, c'est mieux que chez nous.

Nous quittons Contault, Joëlle et moi, non sans quelque regret : la paix du village au milieu de la vallée, les longues ombres et leurs projections géométriques, présages que je pense avoir aperçus et auxquels il me plaît de croire. Une quête a besoin d'augures favorables. L'accueil du maire et la découverte de Paul Loppin me paraissent de ces signes venus du ciel. Ils me confirment dans l'efficacité de la méthode simenonienne.

Quitter ce village me laisse dans un état presque inconsolable, comme si j'avais confié à Contault quelque chose d'inestimable. « Maigret chez Delacroix. » Que ferait-il en pareil cas? Le commissaire est un homme de bon sens. Avant de tourner autour de Delacroix il demanderait : « Quel est le problème? » Mais comment lui expliquer l'enjeu de *La Lutte*, l'insaisissable origine, le mystère enfermé dans la muraille des Saints-Anges? Il ferait certainement procéder à une enquête de voisinage.

Des coïncidences troublantes surviennent, surtout à partir de 1855, année où Delacroix s'attaque sérieusement à *La Lutte* : le peintre est pris d'une frénésie de voyages dont le but est de visiter ses nombreux cousins. En 1856 il se rend à Givry-en-Argonne. Il n'y était jamais venu. Le peintre tient à visiter la maison de Charles Delacroix. Il se recueille devant la tombe de sa grand-mère paternelle. Il est ému de rencontrer un cousin lointain qui porte son nom. Le célibataire qu'il est semble rassuré de savoir que le patronyme n'est pas en danger de périr.

Ce voyage a lieu l'année même où l'histoire de la paternité contestée est évoquée pour la première fois par le critique d'art, Théophile Silvestre. Encore ne l'a-t-il fait que d'une manière allusive. Ce qui tend à prouver que le bruit courait avec insistance dans certains milieux. C'est à cette période que réapparaît aussi la varicocèle du peintre. Cette affection aux testicules rappelle la fameuse tumeur du père de Delacroix. Une façon pour Eugène de dire à Charles : « Père, pourquoi m'as-tu abandonné? » On peut rapprocher ainsi cette épreuve de la luxation à la hanche de Jacob dans laquelle les exégètes bibliques voient une allusion d'ordre sexuel. La hanche, l'aine. Une manière de ne pas désigner trop explicitement le sexe.

Givry forme encore aujourd'hui une sorte de promontoire dominant un pays coupé de forêts, de ruisseaux et d'étangs. Il existe bien une plaque dans la rue principale sur le mur d'une boucherie avec cette inscription : *« Partie de la maison natale du conventionnel Delacroix, père de l'illustre peintre. »* J'admire le souci d'exactitude : cette portion du logis avec son toit de tôle paraît bien modeste. Il existe aussi dans le village une rue Delacroix, *« famille originaire de Givry »*. J'apprécie la simplicité de l'inscription. Cette commune ne fait pas de manières avec ses gloires locales. Le père de Charles Delacroix exerçait les fonctions de régisseur auprès du comte de Belval, le notable du coin, qui fut évêque de Rennes. Il administrait ses domaines d'Argonne et eut douze enfants dont huit survécurent. Les innombrables cousins du peintre sont issus des six sœurs de Charles qui était l'aîné de la famille.

Il y a dans cette terre d'Argonne quelque chose d'imperméable. Outre sa faculté d'arrêter l'eau, son mystère tient à une force intérieure qui se laisse effleurer sans jamais se livrer. Le père de Baudelaire est né tout près, à Neuville-au-Pont.

Il n'existe pas, je pense, de déterminisme argonnais. Le milieu géographique n'explique rien mais l'aptitude de cette région à garder ses secrets résume bien la nature inaccessible de Delacroix. Dans les années 20, on a eu l'idée de planter des épicéas dans la forêt de la Haute-Chevauchée où se déroulèrent les plus sanglants combats de l'Argonne. Les aiguilles de ces résineux, qui ont recouvert la forêt d'un linceul sous lequel rien ne poussait, ont permis de conserver intactes nombre de traces : bunkers, tranchées, fusils, obus. L'Argonne, la seule forêt de France où l'on ne brûle pas les souches… Les risques d'explosion sont trop grands.

Affirmer qu'une certaine méfiance argonnaise marquerait le tempérament de Delacroix serait à coup sûr abusif. Néanmoins je me plais à retrouver chez lui une endurance, une invulnérabilité qui est aussi une forme de résistance. Delacroix est l'opposant de toujours, l'impénétrable, l'agresseur.

Ces traits peuvent se reconnaître dans l'inconnu qui attaque Jacob dans la nuit du Yabboq.

CHAPITRE XII

Une nuit à Saint-Sulpice

Printemps 1996. L'orgue joue l'air du *Dies irae*, ce morceau de la messe des Morts qu'aimait tant Delacroix. « Jour de colère… » Sans doute se sentait-il bien dans ce climat de courroux et de désolation. Il est 23 heures… Dans les pauses, les bruits étouffés de la ville se glissent si doucement dans l'église qu'on croirait presque des frôlements. Parfois il me semble reconnaître le bruit énergique de l'autobus 86. Klaxons, coups de frein parviennent en échos, à demi épuisés, aussitôt avalés par la voix de l'orgue.

Je suis enfermé dans l'église. La chapelle des Saints-Anges est puissamment illuminée. Jamais *La Lutte* éclairée par des projecteurs ne m'est apparue aussi resplendissante. La nuit au-dehors fait ressortir l'intensité aveuglante, brutale, presque féroce de la muraille. Le caractère cru de cette ardeur manque de naturel. Elle a pour effet de désaccorder l'ensemble, d'uniformiser reliefs et contrastes sur le mur. Les trois arbres monumentaux miroitent et semblent agiter lourdement leur ramure. La partie des bergers et des troupeaux, qui n'a pas besoin de cette lumière factice pour irradier, rutile d'un éclat trop vif. Seuls l'ange et Jacob paraissent immobiles.

Je suis enfermé mais je ne suis pas seul. Une équipe de tournage s'affaire. Le réalisateur a obtenu les autorisations nécessaires pour tourner la nuit afin de filmer tranquillement la chapelle. Il a profité de l'occasion pour demander à l'organiste de Saint-Sulpice de jouer les morceaux qu'affectionnait Delacroix.

J'ai fait par hasard la connaissance du cinéaste en lisant un article sur l'un de ses films *La Blessure de Jacob*. Je ne tardai pas à apprendre que le sujet portait sur *La Lutte de Jacob avec l'Ange* non pas peinte par Delacroix mais par Rembrandt — la toile se trouve au Staatlische Museen de Berlin.

Après de vaines recherches pour me procurer la cassette, j'avais fini par entrer en relation avec le réalisateur. Lors de notre première rencontre, il m'avait cuisiné, l'air de rien, sur la peinture de Delacroix. Sur ce sujet, je deviens facilement loquace.

Le réalisateur fait partie de ces natures méditatives et très observatrices qui vous laissent parler en prenant un air absent. Ces gens-là enregistrent tout. Je n'avais pas pris garde sur le moment à ces yeux noirs que je croyais distraits et qui me perçaient. À la fin de la conversation, il m'avait proposé de faire un film avec lui sur *La Lutte* de Saint-Sulpice. Pris de court, j'avais tenté de lui opposer une foule de raisons. « J'écris des livres justement parce que je ne sais pas en parler. » Il est vrai que la parole me trahit souvent à moins que ce ne soit moi qui lui mente. Mes arguments l'avaient amusé. Mais c'était peine perdue. Je lui avais dit que j'allais réfléchir, une manière polie de refuser en différant. Entre-temps j'avais vu son film sur Rembrandt. J'avais été conquis par sa pudeur qui dévoilait avec une rare profondeur le cheminement de l'artiste flamand. Il a peint cette toile à un moment dramatique de son existence, alors qu'il avait perdu femme et enfants et que sa maison et ses biens avaient été vendus aux enchères.

Rembrandt n'a pas représenté un combat mais une étreinte. Son caractère érotique est évident. Jacob semble lutter. Cependant l'ange lui oppose un regard affectueusement protecteur et va même dans sa complaisance jusqu'à lui caresser le cou. En apparence, rien à voir avec Delacroix. Pourtant les deux scènes se ressemblent, même si aux Saints-Anges le caractère sensuel est moins transparent. J'avais été souvent intrigué par l'abandon de l'ange de Saint-Sulpice, par sa posture presque langoureuse. Je connaissais le texte de Claudel : « Ces deux corps violemment embrassés, ces charpentages forcenés d'os et de muscles qui s'épousent et s'étudient (cœur contre cœur et la bouche contre la bouche — Toute une nuit que la chose a duré!...[1]). »

Claudel n'est pas le seul à avoir noté la féminité de l'ange agressé par un gaillard décidé. Plus cru, Audiberti a remarqué que cet ange « tripote bizarrement » Jacob. « Il adapte sans retenue la courbe de sa paume à la convexité musclée de cette cuisse, ses doigts cherchant le nerf pour le rendre sec. Dans l'ensemble le ton de la fresque a d'ailleurs je ne sais quoi de sec, exactement de "déshydraté"[2]. »

---

1. *Emmaüs.*
2. *Dimanche m'attend.*

Delacroix connaissait-il la peinture de Rembrandt? C'est probable, des gravures circulaient. Et puis quelle importance! Beaucoup d'artistes ont représenté l'épisode de la Genèse comme une « danse mystique[1] », d'autres comme un affrontement amoureux. Ainsi une stalle de la cathédrale de Cordoue comporte un panneau où l'on voit Jacob et l'Ange dans une scène de séduction.

Au moment où Delacroix commence ses travaux à Saint-Sulpice, un autre peintre français, Paul Baudry, termine à la Villa Médicis une *Lutte de Jacob avec l'Ange*. On ne parle jamais de cette toile, aujourd'hui au musée de La Roche-sur-Yon. L'homme à qui l'on doit les ensembles décoratifs du foyer de l'Opéra a beau passer pour un représentant du style pompier, il est le premier artiste du XIXe à se mesurer à ce thème. Ce n'est pas rien! Il termine ce tableau en 1853, bien avant Delacroix, même si ce dernier avait choisi le sujet dès 1850. Chez Baudry la posture des deux personnages est très proche de celle de Rembrandt. La nudité de Jacob, la façon qu'il a de se saisir de l'Ange, de le maintenir entre ses cuisses alors que l'autre se débat mollement peut passer pour scabreuse. On n'est pas loin du viol. La toile à l'époque avait choqué. Baudry tentera en vain de la vendre et finira par l'offrir à sa ville natale.

Rembrandt, Baudry : c'est à ces deux peintres que je pense ce soir en regardant *La Lutte* de Delacroix. Dans le

1. Yvan Christ, *Le Faubourg Saint-Germain*.

film sur Rembrandt, le commentateur cite un propos du peintre Jean Bazaine (lui aussi a représenté une *Lutte de Jacob avec l'Ange*) : « C'est le tableau qui nous regarde. »

Tandis qu'échafaudages et éclairages sont mis en place pour filmer la peinture dans ses moindres détails, je regarde *La Lutte* me regarder. Depuis toujours, c'est évident, *La Lutte* m'observe. Cette prise de possession, je n'ai jamais cessé de la subir. Cette peinture me vole une partie de moi-même. Elle me vampirise. Je subis son emprise. Je n'ai pas choisi la prison des Saints-Anges. Je me suis fait coffrer bêtement, comme un innocent. On ne s'évade pas d'une geôle sans gardiens, sans barreaux.

Ce soir j'ai franchi une fois de plus le mur d'enceinte, je me suis inscrit de mon plein gré sur le registre d'écrou. Il faut croire que j'aime cela, que le séjour dans la cellule des Saints-Anges me plaît. Les prisonniers ne se lassent jamais de regarder les murs de leur cachot.

Le mur ne symbolise pas pour moi l'enfermement, mais au contraire la liberté. J'ai eu le pouvoir de peupler à ma guise la surface craquelée, tachetée d'humidité, dont le contrôle échappait aux geôliers. L'emprise que le prisonnier exerce sur cet écran peut être absolue. L'altimétrie de ses espoirs, de sa détresse est projetée sur ce planisphère. Le mur ne fait pas obstacle au détenu, il lui appartient. C'est au gardien que s'oppose la carte murale.

Mon attirance pour Delacroix et pour les Saints-Anges doit beaucoup à la façon dont le peintre s'est battu contre la paroi. L'emmuré de Saint-Sulpice a creusé un tunnel pendant au moins sept ans. Un vrai travail de soutier. « J'ai donné un coup de collier qui, je crois, sauvera l'ouvrage qui était probablement embourbé », confie-t-il en octobre 1858 à Berryer. La boue, l'impression de se perdre et de s'enfoncer dans le souterrain. N'oublions pas le verset des Psaumes inscrit à l'entrée de la chapelle qu'il a décorée : *« Retire-moi de la boue! Que je n'y reste pas enfoncé. »*

Un jour de juillet 1861 il est remonté à la lumière. Affirmer qu'il a travaillé dans l'obscurité n'est pas une figure de style. Delacroix s'est battu contre la clarté du jour. Les constants mouvements du ciel lui ont compliqué la vie. Il n'y fait pas allusion dans son *Journal*. Il est probable que la verrière était masquée par un rideau. Le peintre l'ouvrait et le fermait à la manière d'un diaphragme selon la course du soleil.

Le cameraman ajuste un échafaudage mobile sur *La Lutte*, ce qui lui permettra de la photographier de face. Pour le spectateur les peintures murales occupent une position dominatrice. Depuis toujours, elles se contemplent en levant les yeux. Placé à une autre hauteur et à une autre distance, l'œil voit une *Lutte* différente. Delacroix a joué sur les voûtes en plein cintre qui épousent la frondaison des trois arbres et répandent une ombre protectrice sur toute la scène.

Personne n'a grimpé jusqu'au plafond si ce n'est le peintre lui-même, son assistant Andrieu et sans doute des restaurateurs dans les années 70. J'oubliais le photographe des *Peintures murales* — l'ouvrage de Maurice Sérullaz — qui, au début des années 60, a saisi maints détails de *La Lutte*.

Pendant que les techniciens dévident les câbles et installent les projecteurs, je monte à la tribune d'orgue. L'organiste est en train de jouer le *Prélude n° 2* de Chopin, ce compositeur que Delacroix chérissait tant : « C'est le plus vrai artiste que j'ai rencontré. »

J'approche doucement de la console. L'organiste ne me voit pas. Les claviers et le registre forment un amphithéâtre. Au milieu, les doigts du musicien semblent livrer un combat. Les phalanges chargent, se mélangent dans un corps à corps, reculent puis repartent à l'assaut. Cela tient plus d'ailleurs du ballet que de la lutte. Il y a dans ces vagues d'assaut bien réglées un côté fondu et dégagé qui est ordonné comme une danse. La musique de Chopin ajoute à l'exercice un caractère acrobatique, périlleux.

L'organiste s'arrête soudain en me voyant. Je le supplie de continuer, mais il tient à me faire les honneurs de son instrument. Je remarque que le buffet en forme de temple antique est surmonté de deux anges présentant une lyre. La densité de créatures célestes au mètre carré est phénoménale dans cette église. Elles se nichent partout. Je découvre deux autres groupes de trois petits anges placés de chaque côté du fronton. L'ange de gauche lève triomphalement la main, il se tient au bord du vide d'un air facétieux et semble prêt à sauter dans le chœur.

L'organiste m'explique le fonctionnement de l'orgue. Il effleure quelques touches : l'effet donne une extraordinaire amplitude au crescendo suivi d'un diminuendo ou effet d'éloignement quand le volet se ferme.

— Cet orgue a été restauré au XIXe siècle, mais ce n'est pas pour autant un instrument de facture romantique. La tradition classique et le renouveau romantique sont intimement liés. Ce trait d'union est dans l'esprit de Cavaillé-Coll. L'orgue de Saint-Sulpice est admiré dans le monde entier.

Il joue quelques notes qui percutent le silence. On dirait une commotion, une incision très pure dans la profondeur de la nuit.

— L'acoustique de Saint-Sulpice n'est ni trop généreuse ni trop sèche. L'effet de propagation dure à peu près six secondes. Le buffet bâti en hauteur a parfois tendance à gêner le son, il l'empêche de se propager. Mais, entre nous, ce n'est rien au regard de la distinction, du raffinement de l'instrument.

— Quelle impression cela vous fait-il de savoir que ce clavier a joué un rôle dans *La Lutte de Jacob avec l'Ange*?

Son regard se fait songeur puis un sourire se dessine au coin des lèvres.

— La chapelle et la tribune de l'orgue sont si proches, la porte de l'escalier touche les Saints-Anges. Il y a une vraie complicité. Quelle est la part de cette musique dans l'inspiration de Delacroix? Question vaine évidemment...

La respiration de la ville paraît de plus en plus lointaine. L'odeur de l'église déserte et encerclée par la nuit a changé. C'est une sensation plus lourde comme si l'absence de la lumière avait terni les frais effluves du jour. Cela ressemble à une senteur capiteuse de vieux bois précieux, un peu rance, laissée probablement par la stéarine des cierges, cet acide gras qui fixe la poussière et noircit la pierre des églises. La raréfaction des bruits et les ténèbres parviennent à modifier le caractère des odeurs : le nerf olfactif n'est plus dissipé par d'autres sensations et devient plus aigu.

Je dois redescendre. L'orgue entonne un air solennel qui retentit dans toute l'église — sans doute un *Te Deum*. Un ouragan mélodique déferle sur Saint-Sulpice. Un 10 Beaufort polyphonique qui écume, moutonne dans les ténèbres du sanctuaire puis soudain la tourmente mollit, une voix solitaire surgit, fragile : un air de Louis-Nicolas Clérambault, organiste de Saint-Sulpice au XVIIIe siècle.

Avant de me rendre à la chapelle des Saints-Anges j'emprunte les bas-côtés, porté par le cours de la rivière qui entoure la nef, la seule partie de Saint-Sulpice qui trouvait grâce auprès de Huysmans (« L'on pouvait se pouiller l'âme sans être vu, l'on était chez soi[1] »). Fermée, la chapelle où fut baptisé le marquis de Sade paraît une rive abandonnée.

Je ne puis m'empêcher encore de penser à toutes les voix célèbres qui ont fait écho sous ces voûtes. Le mariage de Camille Desmoulins et ces mots de Robespierre, le témoin, à l'adresse de son ami : « Ne pleure pas, hypocrite. » Et ce banquet de sept cents couverts donné ici même en l'honneur de Bonaparte à son retour d'Égypte (6 novembre 1799). La foule applaudissant et admirant l'escorte des « Africains d'Égypte », tandis qu'à l'orgue le dernier membre de la dynastie des Couperin jouait des airs patriotiques! Un singulier dîner : les convives s'épiaient. Bonaparte décida ce soir-là de tenter sa chance. Trois jours plus tard, ce fut le coup d'État du 18 brumaire... Le « oui » de Victor Hugo à Adèle Foucher dans la chapelle de la Vierge... Jacques Prévert, enfant de chœur, répondant la messe en latin

1. *En route*.

— il écrira plus tard un poème, *Le Combat avec l'Ange*, très anticatholique.

Ces fantômes de mots qui dorment ont-ils laissé aux murs, aux pierres, quelque trace? Une découverte permettra-t-elle un jour de les ressusciter ? Qui aurait pu prévoir qu'une couche d'oxyde magnétique sur un ruban restituerait des sons disparus ? Quelle était par exemple la voix de Bossuet qui prêcha au moins deux fois à Saint-Sulpice? Il devait grasseyer comme un paysan berrichon ou un Québécois de Montréal. C'est ainsi que parlaient alors les gens de la Cour. On disait le « roé » pour le roi. L'orateur sacré choquerait aujourd'hui par la rusticité de sa prononciation peu en rapport avec la noblesse de l'expression.

Déserte, en apparence silencieuse, l'église bouillonne d'une vie nocturne intense. Noircies par la crasse et l'humidité, les peintures semblent avoir poussé sur les murs comme des rhizomes. Ces peuplements muraux survivent avec leurs écaillures éteintes et possèdent le charme arborescent des chemins creux, la mélancolie propre aux voies vicinales qui ont cessé depuis longtemps de voir du monde. L'humidité a suscité des efflorescences, la pierre bourgeonne. En perdant leur pigment, les couleurs ont développé des granulations qui évoquent des jardinières de fleurs, des lierres ou des plantes à vrilles accrochées aux murs d'angle, éclairées par de vagues lueurs venues du dehors.

On a beau jeu de se gausser de ces peintures édifiantes aux tonalités éteintes et de les opposer aux deux panneaux de Delacroix. Au moins ses collègues ont fait leur boulot, dans leur coin, en choisissant des sujets faciles à comprendre : un épisode de la vie d'un saint par-ci, une anecdote historique par-là. Ils se ressemblent tellement, ces Signol, ces Landelle, ces Glaize, dans leur souci de simplicité didactique qu'on finit par tous les confondre. Leur démarche est modeste et le résultat à la hauteur de leur effacement : médiocre. Delacroix, lui, commet en toute connaissance de cause le péché d'orgueil.

L'orgue joue un air très doux de César Franck qui semble apaiser la nuit de Saint-Sulpice. Le peuplement de toute cette savane parsemée de flambeaux, de chaises, de bancs, de confessionnaux paraît dompté. Les ombres s'adoucissent. Seul le mausolée de Languet de Gergy est toujours aussi inquiétant. La Mort a beau s'enfuir devant l'Immortalité, elle est terrifiante. En dépit des intentions du sculpteur, ce squelette goguenard ne se laisse pas faire et se tortille comme un diable en agitant sa faux. Diderot est bien sévère quand il écrit que « l'ensemble de ce morceau ne fait point d'effet » et qu'« il n'y règne point cet accord, ce silence, ce repos qu'il faut à ces sortes de monuments ». Je trouve pour ma part très expressif ce mélange de marbre et de bronze dans le goût du Bernin, c'est une des originalités de cette église qui en compte beaucoup.

Saint-Sulpice est la projection monumentale de l'église de mon enfance — j'ai commencé à y répondre la messe dès l'âge de sept ans. En apparence l'édifice de Servandoni n'a rien à voir avec la construction néobyzantine de mon village bâtie à la fin du XIXe siècle. Son folklorique clocher à bulbe n'a aucun air de famille avec la noble architecture du

VIe arrondissement. Pour être ridiculement petite au regard de Saint-Sulpice, mon église n'en affiche pas moins un caractère de grandeur et même de majesté qui tranche avec les autres sanctuaires de la région.

Cette église a fait mon éducation. Saint-Sulpice a pris le relais. J'ai besoin de me replonger dans la source perdue. Enfant de chœur, j'y ai non seulement appris à déguster le vin de messe, mais j'y ai aussi fait mon apprentissage de l'existence. Baptêmes, mariages, enterrements, j'étais aux premières loges. Je présentais le sel et le saint chrême à l'officiant, épiant l'expression du nouveau-né au moment où on lui versait de l'eau sur la tête et qu'il se mettait à brailler. J'observais attentivement le visage des futurs conjoints au moment où ils prononçaient le « oui » fatidique; à l'intonation, à la physionomie, je me plaisais à faire des pronostics sur l'avenir du couple. Évidemment c'est la mariée qui nous intéressait. Après la cérémonie, les commentaires à la sacristie allaient bon train. Entre enfants de chœur nous échangions nos impressions : « Tu as vu son air de sainte-nitouche. » « Dis donc, elle a l'air chaude! » Nous fantasmions comme des détraqués sur la nuit de noces. À l'époque il n'y avait pas de période d'essai. À la campagne la vierge que nous imaginions innocente allait au taureau. L'immolation ou l'ivresse… Nous étions candides. Pour nous il n'y avait pas de milieu, les dégoûts de la première fois ne pouvaient pas tourner au délice,

Les enterrements avaient de loin ma préférence. J'adorais le sombre décorum du service funèbre : le glas, le cortège tout en noir, les cordons du poêle, le catafalque et ce

Dies irae qui terrorisait si délicieusement mon imagination. Là encore, présentant le goupillon près du cercueil, j'avais la meilleure place. J'éprouvais le sentiment trouble du spectateur regardant à travers ces visages éplorés une souffrance qui lui était étrangère. Toujours les larmes et l'extase. C'était bien la « religion de la douleur universelle » dont parlait Baudelaire, mais drapée dans une splendeur toute terrestre.

La tour mobile dressée dans la chapelle des Saints-Anges a permis au cameraman d'ausculter *La Lutte* dans les moindres recoins. Le camp retranché qu'avait établi Delacroix devait ressembler un peu à cette installation, à ces plates-formes, à ces passerelles. C'est maintenant à mon tour : je dois répondre aux questions du réalisateur. Tout à l'heure je pourrai grimper à la suite du cameraman pour explorer le mur. La série s'intitule *L'Homme en secret*.

Le cameraman à qui j'ai demandé tout à l'heure ses impressions — il me semble l'avoir interrogé comme s'il venait d'escalader l'Everest — m'a répondu d'un air exalté :

— C'est une sensation incroyable. J'ai eu l'impression d'être dans la peinture. Comment dire ? Le mur est une vraie sculpture. C'est modelé comme un relief. J'ai eu l'impression d'être absorbé dans l'ensemble.

— Absorbé ! Vous voulez dire comme englouti ?

— Oui, avalé, submergé. On perd vite pied dans cette peinture. Cela ressemble à un relief sous-marin : fond de sable, vases bleues, argiles rouges… C'est profond, ça manque probablement d'oxygène, a-t-il dit, appuyant ses mots d'un rire forcé. Vous verrez vous-même tout à l'heure.

À présent l'orgue s'est tu. Excepté la niche resplendissante des Saints-Anges et la clarté qui rougeoie dans la chapelle de la Vierge, l'église est entièrement plongée dans l'obscurité. Tout principe de vie a déserté Saint-Sulpice. Seul le cœur lumineux palpite dans la chapelle de Delacroix. La présence des câbles, des projecteurs, de l'écran de contrôle, sans oublier les gants du machiniste, font penser à une intervention chirurgicale à cœur ouvert. Les Saints-Anges sont bien l'organe moteur du sanctuaire, le principal agent de la circulation du sang dans l'édifice. On entend deux coups successifs, ensuite un intervalle puis de nouveau les deux secousses. D'où proviennent ces battements qui imitent parfaitement la systole et la diastole? Peut-être du reliquat d'air dans la soufflerie de l'orgue. En tout cas la lumière artificielle a déplacé *La Lutte* comme si on en avait labouré certaines parties. Ce bouleversement est imperceptible, c'est un léger changement d'orientation qui a surtout chahuté les régions périphériques. Le caractère foudroyant de la scène, son énergie solaire n'ont pas pour autant disparu. L'opacité de la nuit semble souligner plus que jamais le calme de l'Ange, son expression ironique. En principe c'est lui qui doit l'emporter. A-t-on vu l'Ange, un envoyé de Dieu, perdre? Avant l'affrontement Jacob a attendu une partie de la nuit. Il sait qu'il va subir l'épreuve capitale. Mais laquelle? Il est seul comme Jésus au jardin des Oliviers. Il doute. Il a peur. « Père, éloigne de moi la coupe. »

Dans quelques instants, l'adversaire va surgir. La caravane, indifférente au drame qui se joue, sinue paisiblement dans la campagne à l'image des apôtres qui se sont endormis. « L'esprit est plein d'ardeur mais la chair est faible », constate Jésus. On a répété à l'envi que la lutte de Jacob avec l'Ange était le combat de la chair contre l'esprit sans jamais préciser d'ailleurs qui devait l'emporter. Certes, on sait bien que le principe spirituel doit vaincre — ou alors c'est à désespérer de l'esprit. Tout concourt à sa victoire. Or, contre toute attente, Jacob l'emporte. Situation éminemment ironique. L'ironie inverse les choses.

— Pourquoi parlez-vous toujours de l'ironie de l'Ange? demande doucement le réalisateur.

J'entends à peine ses questions. Il les chuchote. Ses yeux mobiles et vifs démentent cependant cet air absent qu'il affiche comme si je devais l'oublier à tout prix.

— Alors, l'ironie?

— On a l'impression que l'Ange nous fait un clin d'œil. Jacob s'excite comme un beau diable. L'Ange le tient à distance en nous faisant comprendre très clairement comme au théâtre, quand le personnage s'adresse au public en parlant seul avec lui-même, qu'il va le laisser gagner.

— Donc le combat est arrangé?

— Pourquoi? Dans tous les matches, le favori peut perdre. Ceux qui décident d'affronter même s'ils n'ont aucune chance finissent par gagner : c'est le sens de ce combat. En fait Dieu n'aime pas les tièdes, il n'apprécie pas ceux qui d'emblée abandonnent la lutte. C'est une glorification de la responsabilité individuelle.

— L'ironie…

La sienne est assez efficace. Il sait écouter, rebondit en replaçant un mot, un seul. C'est une pointe effilée qu'il brandit comme pour crever à l'avance la bulle verbeuse, cette effervescence stérile qui grandit souvent à vue d'œil à mesure que l'on parle.

— C'est le vaincu qui bénit le vainqueur. On n'a jamais vu cela.

— Vous-même, vous avez lutté avec l'Ange.

Je ne l'ai pas vu venir. D'ailleurs sa question n'en est pas une. Je pressentais qu'elle allait surgir. Il l'a formulée calmement, en lui donnant le caractère de l'évidence.

— Avec l'Ange? J'aurais bien aimé.

Piètre dérobade. Sur cet épisode de ma vie, j'ai toujours tendance à éluder. Je n'aime pas trop qu'on m'enferme dans ces trois années de détention. Il faut sans cesse m'évader de la nouvelle prison qu'on m'a assignée. La répétition est la punition de l'ex-otage. Aux questions — toujours les mêmes — l'ancien prisonnier ne peut que rabâcher. L'otage est réduit à une sommation, une seule : être exécuté. C'est sa fonction, il a été enlevé pour cela. L'otage est destiné à être « ôté » — les deux mots n'ont absolument pas la même origine — ou si l'on préfère à être *ravi* à l'affection des siens (la langue française a de ces ironies : ceux qui vous font souffrir sont des ravisseurs). Aussi bien les questions ne peuvent qu'être toujours les mêmes. Comment pourrait-il en être autrement? Seuls ceux qui ont vécu une telle épreuve seraient habilités à les poser. Ils se gardent bien de le faire sous peine de se retrouver à nouveau dans l'état d'exhibition qui était le leur.

J'essaie d'expliquer que tout homme lutte fatalement un jour avec l'Ange : à chacun son moment de vérité! Dieu met à l'épreuve sa créature en laquelle il a placé toute sa bienveillance. Comme Œdipe, il faut se battre contre le sphinx pour lui arracher un secret. Jacob lutte contre Dieu pour obtenir sa bénédiction, reconnaissant ainsi sa toute-puissance. « Pas besoin de passer trois années à Beyrouth », fais-je remarquer à mon interlocuteur. Mais il est vrai que la difficulté repose sur une incertitude : celle d'identifier le moment du combat. Une telle circonstance peut passer inaperçue. Sur le coup on ne distingue pas toujours l'enjeu ni l'injonction qui nous est faite de livrer bataille. Il y a des gens qui ne sauront jamais l'instant précis où leur destin a irrémédiablement basculé.

— De ce point de vue j'ai eu de la chance, dis-je en riant.

— C'est de l'humour ou de l'ironie?

— L'ironie est un acte de défense, l'humour un acte de résistance. L'humour prend la clé des champs alors que l'ironie ne parvient pas à s'évader, elle ne fait que soulager. L'ironie suprême de l'Ange est d'inverser les rôles : il se fait bénir par Jacob. Mais rien n'est résolu pour autant. Un tel geste ne signifie pas qu'il reconnaît la toute-puissance du futur patriarche. Si l'on y réfléchit, cette lutte est un match nul. Personne n'a d'humour dans cette histoire, surtout pas Jacob qui prend tout au premier degré. Il fonce la tête la première sur l'inconnu sans réfléchir. « Ben quoi! On m'attaque, je me défends », semble-t-il dire. J'aime beaucoup l'ironie de l'Ange qui feint d'être vaincu, amenant son adversaire à se révéler à lui-même. Il annonce l'ironie socratique, son comportement est très pédagogique. L'ironie a d'ailleurs quelque chose d'angélique. C'est le règne de l'entre-deux, du milieu, de l'inachevé aussi.

— La lutte aussi se déroule au milieu du gué.

— Oui ! L'Ange barre la route à Jacob. Mais que veut-il lui interdire ? Delacroix a représenté l'instant juste avant le dévoilement, exactement le moment où le rideau va se lever. C'est très frustrant. On est sur le point de savoir. On ne saura rien. Delacroix en a décidé ainsi mais il en a dit suffisamment pour qu'on entrevoie le dessous de l'histoire.

— Jacob, c'est l'histoire d'une disparition.

— D'un escamotage plutôt. On ne savait pas où était passé Jacob, après qu'il eut ravi le droit d'aînesse. Il s'était enfui. Était-il même vivant ? Cet épisode du Yabboq est l'histoire d'un retour mais un retour qui constitue l'épreuve capitale. C'est dans la réapparition que tout va se jouer. Jacob a refait sa vie loin de sa patrie. Il a réussi. Un jour il décide de revenir au pays. Il est délié de son oncle Laban. Il est libre. Il peut s'exposer. Mais pour être totalement délivré, il doit affronter une mise en scène de mort. Dans ces moments de vérité, l'homme est toujours seul. Ce combat qu'il doit perdre, il va le gagner contre toute espérance. La protection divine est bien là. Certes il a la vie sauve, il renaît, mais il ne sera plus le même, victorieux mais meurtri, il change de nom. En outre, il est estropié !

— Œdipe signifie « celui qui boite »...

— Oui, Jacob boite. Comme Talleyrand...

— Talleyrand ? s'exclame-t-il.

— Vous savez bien : le père supposé de Delacroix. L'évêque apostat... Il boitait lui aussi.

— Vous vous écartez du sujet. De toute façon vous m'avez déjà dit que cette paternité était improbable.

Lui si impassible d'ordinaire est suffoqué. Est-ce la digression qui le fait sortir de son calme? Ou la révélation d'un élément nouveau?

— Qu'elle soit improbable c'est une chose. Mais Delacroix n'ignorait pas les commérages. Qu'il y ait eu de sa part une allusion même inconsciente, c'est une autre chose. Vous savez que Talleyrand est né à deux pas d'ici, rue Garancière. Il a été baptisé dans cette église. Il a étudié au séminaire de Saint-Sulpice. Et il a repéré ici même dans ce sanctuaire une danseuse qui deviendra sa maîtresse. Ce sont des détails qui n'ont sans doute aucun rapport avec *La Lutte*. Pour la claudication, j'en suis moins sûr.

— Je remarque que vous faites diversion quand cela devient trop personnel. Cessez donc de vous cacher derrière Delacroix!

Je n'ai pas le sentiment de l'avoir abusé. Comprend-il que tous ces fils tendus et entrecroisés comme sur un métier à tisser, il me faut les actionner et les unir pour parvenir à en déchiffrer enfin le fameux motif central?

— Le motif central est en vous, sourit-il. Mais je sens que vous avez hâte de voir *La Lutte*. Allez-y, c'est votre tour.

Dans cet éclairage sans ombre de bloc opératoire, j'ai eu l'impression de subir une intervention chirurgicale. J'aurais aimé être curarisé avant les coups de scalpel.

J'attends ce moment depuis longtemps. Être avalé dans *La Lutte*, comme l'a été tout à l'heure le chef opérateur… Peut-être n'en reviendrai-je pas! Qui sait, je vais être englouti dans la lave du « volcan Delacroix » — l'image est de Baudelaire.

J'escalade les échafaudages le cœur battant. Le chapeau et les vêtements au premier plan, que Maurice Denis faisait souvent copier par ses élèves, ne me frappent guère. Ce chapeau jaune orangé pourtant m'a toujours intrigué. Si peu biblique. On dirait une coiffure de planteur sudiste. Le même couvre-chef aux bords retroussés orne la tête du cavalier qui, à droite, emmène le troupeau de Jacob. J'attendais beaucoup des fameuses touches en « flochetage » — c'est-à-dire en traits juxtaposés ou entrecroisés — sur le vêtement placé sous la lance. Je m'aperçois que ces hachures à la Van Gogh sont plus intéressantes à voir quand on est en bas. En revanche, je distingue très clairement une déchirure qui avait mis à nu le plâtre dans la nature morte — la lésion date de 1938 : au moment de Munich, les sacs de sable destinés à protéger la peinture ont endommagé certaines parties. L'écorchure a été comblée mais la restauration ressemble encore à la trace d'un pansement.

Et cette lance, qu'indique-t-elle? Il me plaît de croire qu'elle montre une direction secrète comme la flèche d'un jeu de piste. Je sais bien qu'il n'en est rien. Depuis longtemps je me suis rendu à l'évidence : elle désigne l'entrejambe de l'Ange, une manière pour Delacroix de souligner que ce personnage, qu'il a choisi de représenter, a bien un sexe, lui. Évidemment, la tentation est grande de voir dans cette lance pointée l'attribut sexuel triomphant. En tout cas, si Jacob a abandonné son arme, il ne s'est pas débarrassé de son encombrante peau de bête, symbole de l'animalité et des bas instincts.

Andrieu raconte que cette nature morte fut exécutée en vingt-deux minutes.

La tête de l'Ange… Je regarde l'œil, le nez, les cheveux blonds. On dirait que Delacroix a particulièrement épaissi les couleurs claires. Je ne vois que des aspérités, des hachures, des zébrures qui donnent parfois l'impression de violents coups de sabre. Un effet d'inachevé se dégage de l'ensemble. Le tronc des trois arbres fait penser à une multitude de sillons séparés par des arêtes transversales. Cette fibrillation désordonnée me donne le vertige. En même temps, cette vision massive de plissement alpin est démentie par une image d'eau dormante bleu-vert, pareille à une lagune percée de passes d'un vert glauque presque visqueux. On dirait une eau saumâtre, bourbeuse par endroits.

Le cameraman avait raison, cette muraille est un fond marin. J'ai surtout la perception étrange d'une peinture qui a du mal à rentrer dans le mur.

Je redescends aussitôt. Je n'ai pas envie de couler dans cette eau stagnante qui me fait peur. Je dois avoir une tête de noyé, le réalisateur s'inquiète : « Vous êtes tout pâle. » Delacroix, musicien de la peinture ! Il ne faut pas voir de trop près les accords. On n'entend rien d'une musique quand on est auprès de l'instrument.

Je regarde d'un air soupçonneux le chef opérateur. Qu'a-t-il vu, lui ? Il me sourit avec confiance, à demi complice. Il ne parlait pas de noyade, mais d'« absorption ». J'ai failli couler à pic ; il disait qu'il avait seulement perdu pied. Il a trouvé à son goût cette exploration dans l'abysse.

« C'est la peinture qui vous choisit... » *La Lutte* compte un élu de plus.

CHAPITRE XIII

Tirer l'échelle

Des anges porteurs de clés : quelles sont les serrures qui correspondent? Ces anges avec leur trousseau se trouvent derrière *La Lutte*. Delacroix a peut-être examiné les peintures de son voisin avant de commencer les Saints-Anges.

Décorée par François-Joseph Heim, la chapelle des Âmes du Purgatoire fut inaugurée le 1er octobre 1842. Delacroix a reçu la commande des Saints-Anges en 1849.

Pourquoi dans sa *Prière pour les morts*, qui orne l'autre côté du mur, Heim a-t-il choisi de représenter des anges? Dans une église, leur présence est somme toute naturelle. Mais Saint-Sulpice en a fait sa spécialité aussi bien dans la statuaire que dans la peinture.

La représentation des anges n'est jamais innocente. On croit qu'ils sont destinés à faire de la figuration, histoire de meubler un sujet religieux. Erreur! Si l'ange est le porteur de message, il n'est en aucune façon un comparse. Après la désobéissance d'Adam, Dieu a placé des chérubins pour surveiller, glaive à la main, l'entrée du jardin d'Éden. L'Ange est le gardien des portes derrière lesquelles se cache le secret. Présent au début de la Genèse, après le désastre, il clôt aussi l'Apocalypse remettant fermement à sa place l'apôtre Jean qui veut se prosterner à ses pieds.

« Heim, le peintre de la célèbre *Bataille de Rocroy,* ne pouvait faire autrement que de mettre du tragique dans les peintures qui décorent la chapelle du Purgatoire. Reconnaissons-lui pourtant le mérite d'être entré assez à fond dans son difficile sujet pour exécuter deux puissantes allégories », écrit Paul Bence dans un texte sur *Les Peintures de Saint-Sulpice*[1]. À l'évidence, on sent l'embarras du critique. Que Heim soit « entré assez à fond », c'est indéniable, que le sujet soit qualifié de « difficile », on ne saurait mieux dire. Sa peinture se présente comme le mauvais côté, la part sombre, ingrate du mur, le pan opposé à la lumière, qui ne doit pas être vu. On a tout fait d'ailleurs pour la cacher en masquant la partie inférieure du vitrail par l'édification d'un autel et d'un support pour la *Pietà* de Clesinger.

La personnification d'idées abstraites — qui caractérisent l'allégorie — est un genre périlleux. C'est le mérite de Heim d'avoir multiplié les signaux de détresse. Cette pioche au premier plan informe qu'il faut fouiller profondément. De plus, dans la fosse qu'il a choisi de représenter figure une échelle.

En s'attaquant à un tel sujet, il a multiplié à plaisir les obstacles. A-t-il voulu signifier qu'on ne peut mieux faire et qu'après lui il faut tirer l'échelle ? À quoi servent les clés que

1. *In* Gaston Lemesle, *L'Église Saint-Sulpice, op. cit.*

l'angelot tient dans la partie supérieure? À ouvrir évidemment la porte du Paradis. Résumons : l'échelle, les clés et ce trou. N'y a-t-il pas de la part de Heim la volonté — ou tout au moins un vœu — de forcer ou d'ouvrir un passage?

Décolorée, flétrie, la scène n'est plus qu'un fantôme de peinture. Le refus de la couleur, la recherche de tons sombres et gris expliquent l'aspect poussiéreux qu'a pris ce mur avec le temps. Le salpêtre a déposé une pellicule crayeuse. Le matin, au soleil levant, il arrive pourtant que *La Prière pour les morts* se ranime. Si le ciel est pur, on observe même un phénomène invraisemblable : les couleurs terreuses se réchauffent, les corps se mettent à vivre. L'œil est même conquis par l'harmonie et l'ingéniosité de l'ensemble. Mais il faut faire vite, la lumière ne jaillit au Purgatoire qu'un court instant.

On peut alors voir très clairement un groupe de personnages se lamentant au bord d'un tombeau — la fameuse fosse avec l'échelle. Qui pleurent-ils? Sans doute un parent aimé qui va devoir se consumer dans les feux du Purgatoire d'où se détache la faux de la Mort. Des créatures célestes porteuses de clés s'apprêtent à ouvrir aux justes le seuil du Paradis tandis qu'un ange surveille la scène d'en haut. Il a la posture d'un nageur s'apprêtant à faire le dos crawlé. Encore une fois l'ironie est facile, Heim a hérité du versant exposé à l'ombre, l'ubac du mur, la partie la plus aride. Delacroix, lui, s'est vu attribuer l'adret, la partie facile. Il n'est pas croyable que, pendant ses sept années de chantier à Saint-Sulpice, il ait refusé de juger le travail de Heim. À la différence des autres « peinturleurs » de Saint-Sulpice, les

Lafon, les Hesse ou les Signol, il estimait cet artiste. N'oublions pas qu'à ses débuts aux Saints-Anges, Delacroix a buté contre un problème technique de taille : l'enduit du mur, ce même mur dont Heim était venu à bout une dizaine d'années auparavant. Delacroix s'est nécessairement penché sur le travail de son voisin. Comment s'y est-il pris, *lui*? Telle a dû être la question que s'est posée l'auteur de *La Lutte*.

Certes, il n'en fait aucune mention dans le *Journal* ou dans sa correspondance. Il se montre insensible à l'environnement quand il est à la tâche. Il s'est toujours verrouillé soigneusement. L'autocritique soit, mais pas d'aveu! « Si jamais homme eut une tour d'ivoire bien défendue par les barreaux et les serrures, ce fut Eugène Delacroix. Qui a plus aimé sa tour d'ivoire, c'est-à-dire le secret? » On a reconnu dans cette notation la patte de Baudelaire. Le peintre s'est toujours refusé à vendre la mèche.

Si Delacroix ne parle pas de Heim, cela ne signifie pas qu'il l'ait ignoré. C'est même probablement le contraire. Les correspondances qui unissent les deux peintures sont flagrantes. Elles se répondent et se renvoient de l'énergie à travers l'épaisseur de la muraille. On ne s'étonnera pas d'apprendre que le pôle positif soit tenu par Delacroix. Le pôle négatif représenté par Heim n'a rien d'infamant. Les propriétés attractives et répulsives sur cette muraille sont de même nature et absolument solidaires, même si l'intensité électrique n'est visible que d'un seul côté. Comme si *La Lutte* avait besoin de se charger, de prendre de l'énergie à *La Prière pour les morts*.

En voyant l'œuvre de Heim, Delacroix n'a pas eu besoin de s'en servir comme contre-exemple — il était bien trop convaincu de son talent, mais l'allégorie était là comme un modèle qu'il fallait inverser. Delacroix, qui a consacré beaucoup de son temps à copier les chefs-d'œuvre du passé pour en connaître les secrets, n'a jamais refusé la leçon de ses contemporains, fût-ce pour tirer partie de leurs bévues. Lui qui a incarné la modernité n'y croyait absolument pas. Il pensait que les idées neuves ne font pas les hommes de génie. Seule compte « cette idée, qui les possède, que ce qui a été dit ne l'a pas encore été assez ». Répéter mais en mieux.

Beaucoup de détails dans les Saints-Anges font référence à Heim. Sans doute la splendeur de *La Lutte* renvoie-t-elle à la sépulcrale *Prière pour les morts*. Sans doute l'aurore du monde qui s'ébauche sous les arbres colossaux font-ils pendant à la lueur crépusculaire du Purgatoire. Mais, surtout, cette échelle plantée dans la tombe est une allusion évidente au songe de Jacob, tout aussi énigmatique d'ailleurs que le passage du Yabboq. Que distingue le fils d'Isaac dans ce rêve? « Une échelle dressée en terre » ainsi que « les anges de Dieu montant et descendant ». Ces détails constituent le cadre du songe de Jacob. Ils sont présents dans la peinture de Heim marquée par un sentiment d'angoisse. Jacob l'exprimera en disant : « Qu'il est effroyable ce lieu. » Et le narrateur biblique d'ajouter : « Ce n'est rien d'autre que la maison de Dieu et le seuil du ciel », élément qui figure aussi dans la peinture de Heim avec les anges au trousseau. Les exégètes bibliques n'ont pas manqué d'insister sur les similitudes du songe et de la lutte de Jacob, tous deux nocturnes et empreints de peur, où apparaît sans ambiguïté la figure du père.

Complicité, connivence, correspondance? Peut-être. Fusion? Certainement pas. Un fait matériel ne peut être contourné : ces deux peintures séparées par une épaisseur d'un mètre couvrent le même mur. Les premières préparations trop vite bues de Delacroix se sont sans doute avancées très près de l'enduit de Heim. Parlons de jumelage, faux jumeaux, jumeaux dizygotes.

Aussi bien une injustice persiste. Personne ne regarde Heim. Il n'y en a que pour Delacroix. Certains signes ne trompent pas. Sur quelques photos du début du siècle, on constate qu'un confessionnal se trouvait dans la chapelle des Saints-Anges; la confession est encore la spécialité des prêtres sulpiciens (soixante à quatre-vingts par jour). Ce confessionnal avait été placé sous *La Lutte* et empiétait sur la partie inférieure de la peinture. Il a été déplacé. Où l'a-t-on entreposé? Dans la chapelle voisine du Purgatoire. L'endroit ressemble de plus en plus à un débarras. « Ayez la bonté de ne rien déposer sur cette (*sic*) autel », enjoint un écriteau. Et où pouvait-on ranger ce confessionnal? Sous *La Prière pour les morts* évidemment.

François-Joseph Heim est fascinant parce qu'il n'a pas laissé de *connaissances*. Pour qui s'intéresse à la peinture du XIXe siècle, il n'est pas un inconnu mais, en dehors des spécialistes, qui connaît aujourd'hui son nom? Aucune trace si ce n'est ses peintures. Né à Belfort en 1787 et mort à Paris en 1865, Heim semble ne pas avoir de biographie. Quelques dictionnaires signalent pourtant plusieurs faits — toujours les mêmes.

Entré dans l'atelier de Vincent en 1803, condisciple d'Horace Vernet, il fut second au prix de Rome en 1806 et séjourna plusieurs années à la Villa Médicis. Son premier succès date de 1812. Devinez quel est le personnage principal de cette œuvre : Jacob. Est-ce un hasard? La peinture ne représente pas *La Lutte* mais on n'en est pas loin. L'épisode a un rapport avec le passage du Yabboq. Jacob, qui a trompé son père aveugle et volé à son frère Ésaü la bénédiction paternelle, doit fuir le pays de Canaan et se réfugier chez son oncle Laban. L'œuvre s'intitule *L'Arrivée de Jacob en Mésopotamie*.

Je fais peut-être fausse route mais j'entretiens le secret espoir que cette toile m'aidera à comprendre la peinture de Delacroix. J'ai fini par apprendre qu'elle se trouvait au musée des Beaux-Arts de Bordeaux. Le personnage de Jacob a dû passionner Heim puisque au Salon de 1817 il présente déjà *La Tunique de Joseph apportée à Jacob*. Ce fait, qui se situe longtemps après la nuit du Yabboq, survient dans les dernières années du patriarche. Jaloux de Joseph, ses frères imaginent un subterfuge pour le faire disparaître. Ils le vendent à des marchands et rapportent sa tunique trempée dans le sang d'un bouc en affirmant à Jacob que son fils a été tué par une bête sauvage.

Son *Charles X distribuant des récompenses*, exposé au Salon de 1824, assure la célébrité de Heim. Carrière classique d'un artiste porté à traiter des sujets historiques et religieux en vogue sous la Restauration. Il passe pour être le peintre attitré des Bourbons. Si les commandes ne tarissent pas sous la monarchie de Juillet, il fait figure déjà de « momie ». On lui reproche son académisme. Le seul événement connu qui lui donne une existence, de la chair, du corps, advient en 1831. Alors qu'il travaille à l'un des plafonds du Louvre, il fait une chute. Cet accident le condamne pendant longtemps à l'inaction. Heim semble alors rejoindre les vieilles lunes. Il est considéré comme un peintre dépassé.

Jugement injuste. J'ai eu l'occasion de voir au musée municipal de Semur-en-Auxois une de ses toiles peintes en 1840 : *Le Prisonnier*. Elle représente un personnage nu gisant sur le sol. Le dessin est superbe, l'attitude, bien que figée, traduit les affres d'une douleur muette. L'étrangeté de la scène, la minutie hyperréaliste du corps, un sens très caravagesque de la lumière et de la mise en scène ne manquent pas de susciter la curiosité : qui était ce prisonnier? Qu'a voulu représenter Heim? Le peintre n'a jamais apporté de précision.

Le second Empire voit la résurrection de Heim. Nommé président de l'Académie des beaux-arts en 1853, il triomphe à l'Exposition universelle de 1855 avec les *Victoires de Judas Macchabée* et *La Bataille de Rocroy*. En 1859 il expose une série de portraits au crayon représentant les membres de l'Institut (il a donc dessiné Delacroix, membre de l'Académie des beaux-arts depuis déjà deux années!). Il est encensé notamment par Baudelaire qui loue dans ses croquis « une merveilleuse intelligence de la grimace humaine ». Les dessins de Heim sont en effet étonnants. Ils possèdent un sens du détail, une aisance en même temps qu'une acuité psychologique qui contrastent avec ses toiles à l'expression parfois guindée.

Tous ces faits donnent un aperçu sur l'œuvre mais renseignent peu sur la personnalité de l'homme. Qui était Heim? Qui fréquentait-il? J'ai écrit au musée de Belfort, sa ville natale, qui possède plusieurs de ses toiles afin de glaner quelques renseignements. Rien. Heim est mort dans l'indifférence en 1865. Combien de députés savent par exemple qu'il a décoré le Palais-Bourbon et l'hôtel de Lassay?

Je suis heureusement tombé un jour sur une communication du responsable des peintures du Louvre, Jean-Pierre Cuzin[1]. Cette intervention constitue jusqu'à ce jour la meilleure synthèse sur l'œuvre de Heim. Mais on voudrait en savoir plus sur l'homme. « Cette communication n'est elle-même qu'une esquisse : elle voudrait constituer un appel à un jeune historien d'art, pour qu'il entreprenne, rapidement, une étude complète sur un artiste qui le mérite », conclut Cuzin. Il écrit aussi de Heim qu'il est, « peut-être, le dernier représentant, en France, de ce qu'on peut appeler la peinture ancienne, et comme tel quelque peu égaré au milieu du XIXe ».

Les mots qu'il emploie pour qualifier le *Jacob en Mésopotamie* attisent ma curiosité : « [Il] frappe par la force quasi sculpturale des volumes et la crudité d'un éclairage. » Une reproduction du tableau en noir et blanc illustre l'article. Jacob arbore un délicieux chapeau. Toutefois, une partie de

1. *Société d'histoire de l'art français* (1992).

la toile est complètement noircie. Comme souvent chez Heim, l'étrangeté naît de l'immobilité et de l'exactitude, personnages et paysage sont frappés de stupeur.

Une atmosphère irréelle, accentuée par l'opposition brutale entre le fond sombre et l'attitude de Jacob, flotte dans l'air.

CHAPITRE XIV

« Je crois que j'y mourrai »

Le sacristain de Saint-Sulpice va ouvrir la porte qui a tant excité ma curiosité. Pour la composition d'*Héliodore*, Delacroix s'est servi de cette ouverture qui permet le passage vers la chapelle du Péristyle. L'encadrement déborde sur la peinture et sert de pivot à la scène. Autour du linteau, Delacroix a étalé le trésor du Temple. Parmi l'or et les pierreries, il a déposé précieusement son nom : **DELACROIX, 1861.** En capitales, caractères Didot. Pas d'Eugène.

Je suis d'autant plus impatient de connaître la chapelle du Péristyle que j'ai appris que l'orgue du Dauphin y avait été entreposé. Devenu inutile après la remise en état du grand orgue, l'instrument a souvent changé de place. En 1926, on décida de le transférer derrière l'*Héliodore*. Je ne suis pas parvenu à savoir qui avait pris cette décision.

L'orgue du Dauphin, qui se trouvait au Petit Trianon au moment de la Révolution, fut vendu aux enchères par deux commissaires de la République. L'un de ces deux mandataires n'était autre que Charles Delacroix. Son fils, Eugène, connaissait l'existence de cet instrument puisque, à l'époque de *La Lutte*, il était placé à la vue de tous dans la chapelle de la Vierge.

La personne qui décida en 1926 de déplacer l'orgue pour le remiser derrière l'*Héliodore* avait-elle le sens de l'humour ou de l'ironie? Je pencherais pour l'ironie, d'autant qu'au dos d'*Héliodore* se niche dans l'arcade *Une mort de saint Joseph*. La chapelle en effet a longtemps été dédiée au « père nourricier » de Jésus. Père nourricier... L'allusion à Charles Delacroix est évidemment involontaire. Mais que d'occurrences étranges dans cette histoire! Tous ces faits sont en compétition. Un concours de circonstances.

À elle seule, la chapelle, fermée depuis longtemps au public, est un vrai trésor. Elle a beau être cachée, on y entend tous les motifs sonores de la ville adoucis par la hauteur de la voûte. La rotonde Louis XVI est ornée de huit colonnes corinthiennes. Le sol richement pavé d'une rosace de marbre est rehaussé d'un extraordinaire motif qui projette l'effet de perspective produit par la coupole. Le plafond n'est pas entièrement fermé. Il était destiné à accueillir la cage d'un escalier permettant d'accéder à la bibliothèque. Elle devait être installée au premier étage derrière la loggia. L'immense balcon à la romaine, qu'on aperçoit de la place, réminiscence des bénédictions papales, est encore une idée de Servandoni.

Nous nous trouvons derrière l'*Héliodore*. Le sacristain a apporté avec lui une torche puissante et une paire de jumelles. Il me les tend et me demande de regarder soigneusement l'un des médaillons qui surmontent une statue figurant l'Espérance. Il éclaire un détail : des Tables de la Loi tenues par des angelots. Je parviens à déchiffrer quelques mots gravés : **DROITS DE L'HOMME ET DU CITOYEN.**

L'orgue du Dauphin qui a retrouvé Versailles, son ancienne destination, n'est plus là mais il demeure au moins une trace de l'époque révolutionnaire quand le « Temple de Sulpice » était dédié à l'Être suprême puis au culte de la Théophilanthropie.

Un tableau orne la chapelle du Péristyle. *Noli me tangere*, ne me touche pas. Le Christ ensanglanté repousse Marie Madeleine éplorée : la toile bouche une fenêtre qui donnait autrefois sur la rue Palatine.

Déjà, sous cette chapelle, j'avais découvert un jour un lieu qui m'avait laissé un souvenir étrange. C'était un après-midi d'été. Nous nous trouvions, le sacristain et moi, dans une étroite galerie souterraine de l'église, splendidement maçonnée de pierres blanches, lorsque nous débouchâmes sur un immense puits carrelé, une sorte d'entonnoir géant sur lequel demeuraient des échafaudages datant de la construction. « Les oubliettes de Saint-Sulpice », avait plaisanté le sacristain. Cet endroit, le plus retiré de l'église, sentait la vieille fourrure et ressemblait à une cellule circulaire inaccessible.

J'apprends que ce cul-de-basse-fosse, dont nous avions ouvert la porte à coups de marteau, se trouve au-dessous des chapelles du Péristyle et des Saints-Anges. Sous la muraille de Delacroix, encore une prison !

La chapelle du Péristyle se présente comme une mise en garde. En principe on n'y pénètre pas. Même si la porte est depuis longtemps condamnée, elle communique directement avec le parvis. En fait, elle fait le mort. Elle se nommait d'ailleurs au XIXe siècle chapelle de la Bonne Mort.

Lorsque Delacroix commença les travaux aux Saints-Anges, le conseil de Fabrique fit construire une galerie sous les échafaudages afin de pénétrer dans la chapelle du Péristyle. Imaginons cet invraisemblable couloir logé sous les planches tandis que sur la cime le maître luttait avec (ou contre?) le mur. Avait-il à ce point besoin de discrétion? Pendant les travaux, la chapelle des Saints-Anges ne manquait pas d'exciter la curiosité. Admirateur du peintre, Théophile Gautier bouillait d'impatience, attendant le moment où la chapelle serait enfin « démasquée ». N'évoque-t-il pas cette « mystérieuse clôture de planches contre laquelle nous nous sommes tant de fois cassé le nez »?

L'impatience de Théophile Gautier est compréhensible, car, à la fin de 1857, Delacroix est loin d'avoir terminé. C'est même l'année la moins productive pour les Saints-Anges. Le 28 décembre, il a quitté son logis de la rue Notre-Dame-de-Lorette pour s'installer au numéro 6 de la rue de Furstenberg afin d'être plus près de Saint-Sulpice. L'année 1858 commence sans que les travaux soient repris. En juillet, il quitte Paris pour Plombières. La lecture de son *Journal* laisse deviner un homme de plus en plus préoccupé par sa santé et par cette « infâme digestion ». Les pesanteurs d'estomac lui empoisonnent la vie. Il croit avoir trouvé une explication dans un roman de Balzac, *Les Paysans*. Il recopie un passage sur les excès du tabac, du café, de l'eau-de-vie, soulignant cette phrase : « Tout excès qui atteint les muqueuses abrège la vie. » Delacroix croise l'empereur qui prend lui aussi les eaux. « Il m'a rencontré par hasard et m'a fait l'honneur de me demander de mes nouvelles », écrit-il non sans fierté à son cousin Berryer.

En septembre il rentre à Paris. « Je retourne travailler à Saint-Sulpice. Je fais beaucoup l'*Héliodore*. Le lendemain, impuissance... »

Est-ce le caractère d'urgence ou la gravité du projet qui le paralyse à ce point? Sans doute est-il malade, mais il est surtout malade de ne pas finir. Il s'opiniâtre comme s'il n'avait jamais gagné son salut. Il y a chez lui un certain masochisme à entretenir une confusion entre faiblesse physique et difficulté à achever. Cette ambiguïté laisse suggérer l'incapacité sexuelle — il est obsédé depuis sa jeunesse par le fiasco.

Des journaux annoncent qu'il a terminé la chapelle des Saints-Anges. Il est furieux : « Dites-moi quels gueux sont les journalistes. » La fausse nouvelle semble lui avoir redonné du tonus. « Je suis, depuis trois semaines, à la nage dans mon grand travail de Saint-Sulpice », écrit-il à son cousin Lamey. Il ajoute : « J'ai donné un coup de collier qui me permettra, j'espère, de terminer l'année prochaine. » L'arrivée de l'hiver l'oblige à interrompre à nouveau les travaux. Il n'aime pas peindre dans le froid et redoute le manque de lumière.

Il reprend sa tâche au printemps. L'ouvrage accompli le satisfait. Le 27 juin 1859, l'administration lui fait verser « un acompte de cinq mille francs », preuve que les peintures sont bien avancées. Mais, au mois d'août, Delacroix est repris par l'irrépressible envie de visiter ses parents de province. Ce besoin, il n'a cessé de l'éprouver tout au long de ses travaux à Saint-Sulpice. Il coïncide souvent avec des moments de doute, de souffrances sur lesquels Delacroix demeure silencieux.

La seconde partie du *Journal* a perdu l'élan et la sincérité des débuts. Après 1847, il se censure souvent. Devenu un homme connu, il s'observe et se protège. Il se doute que ces notes seront un jour publiées alors que c'est sans préméditation qu'il a consigné pour lui seul les désarrois, les espérances de sa jeunesse.

1859 est une année douloureuse. Les huit peintures qu'il présente au Salon auraient dû être l'apothéose de sa carrière, parachevant le triomphe de 1855. Parmi les huit œuvres qu'il a sélectionnées figure *La Montée au calvaire,* sujet qu'il avait envisagé de traiter pour le transept de Saint-Sulpice bien avant les Saints-Anges. Les choix du peintre suscitent un tollé. Cet accueil montre que l'auteur de *Sardanapale* était loin d'être alors l'artiste consacré que les commandes officielles ou l'entrée à l'Institut pouvaient laisser supposer. Maxime Du Camp — l'ami de jeunesse de Flaubert — posait même la question : « La mort a-t-elle donc frappé M. Eugène Delacroix? J'entends cette mort anticipée qui paralyse la main, clôt les yeux et ôte à l'esprit la notion du juste et du vrai. »

Au cours de cette période, Odilon Redon, alors âgé de dix-huit ans — et qui peindra lui aussi une *Lutte avec l'Ange* —, raconte une scène étrange, après une réception à la préfecture. Pétrifié d'admiration mais incapable d'aborder le maître, il a l'idée de le suivre : « Il traversa Paris nocturne seul, la tête penchée, marchant comme un chat sur les plus fins trottoirs. Une affiche où l'on lisait TABLEAUX attira sa vue; il s'en approcha, fit la lecture, et repartit avec son rêve, je veux dire son idée fixe. »

Cette nuit-là, Delacroix est allé par distraction rue Notre-Dame-de-Lorette alors qu'il n'y habite plus depuis deux années. S'apercevant de sa méprise, il revient doucement vers la rue Furstenberg. Extraordinaire anecdote qui montre que le vieil artiste absorbé par son monde devait sans doute être assez inattentif. L'inscription TABLEAUX suffit cependant à le mettre en alerte. Que pensait-il à cet instant-là devant le magasin de couleurs? Par quelle chimère son cerveau était-il agité, lui qui savait si bien donner consistance aux songes?

Depuis longtemps, il a largué les amarres. Il n'habite plus parmi les hommes. La force d'âme ne lui a jamais fait défaut, c'est le corps qui pose problème.

Dans une lettre du mois de septembre 1859, il assure : « Je me suis jeté à corps perdu sur mon travail qui marche bien et qui, je m'en flatte peut-être trop, me donnera de bons résultats. » Fait exceptionnel : il décide cette fois de travailler l'hiver. Résultat : Baltard, l'architecte de la Ville de Paris, certifie que Delacroix « en est aux trois quarts de son travail ».

On peut penser que la tâche touche à sa fin. Mais le dernier quart va se révéler la partie la plus éprouvante. Sa santé se détériore. Il peine de plus en plus à l'ouvrage et doit s'aliter au mois de janvier 1860. Boulangé qui l'assiste à Saint-Sulpice n'avance pas. Le 7 avril, Delacroix surgit à l'improviste dans la chapelle : « Boulangé ne m'attendait pas. Cet infâme coquin ne vient pas, ne travaille pas. »

L'année 1860 est terrible. On sent un homme qui se traîne et dépérit. « Je n'ai pu travailler qu'une huitaine de jours et l'abattement m'a repris », écrit-il le 23 août. Il doit une fois de plus se reposer à Champrosay.

En septembre, il a l'impression d'aller mieux. Il se rend tous les matins à 5h30 à la gare de Ris pour prendre le train, travaille trois ou quatre heures à Saint-Sulpice et revient tôt à Champrosay pour profiter de la campagne. Il se couche à 8 heures. Une vie de chien. Delacroix ne redoute qu'une seule chose : le rhume. Le 11 novembre, il prend froid. En fait de rhume, c'est le cancer du larynx qui s'aggrave. Cependant, même épuisé, Delacroix veut garder courage. « Si la santé ne me manque pas, j'espère finir au commencement de janvier », confie-t-il. Il aime retrouver sa chapelle de Saint-Sulpice. « L'attrait que j'y trouve est si grand que j'y cours comme un jeune homme bien portant court chez sa maîtresse. »

Bien portant? Il aimerait s'en persuader, comme s'il avait vingt ans et qu'il était amoureux. « La peinture me harcèle et me tourmente de mille manières à la vérité, comme la maîtresse la plus exigeante; depuis quatre mois, je fuis dès le petit jour et je cours à ce travail enchanteur, comme aux pieds de la maîtresse la plus chérie. »

Un tel enthousiasme sonne faux. Les propos qu'il tient dans le même temps à son cousin Berryer démentent cet empressement : « Finir demande un cœur d'acier : il faut prendre un parti sur tout, et je trouve des difficultés où je n'en prévoyais point. » Et il ajoute cette phrase : « Je crois que j'y mourrai. »

Il sait que le temps lui est désormais compté. Son état s'aggrave. L'angoisse de l'œuvre incomplète le tourmente. Ce n'est pas l'énergie qui manque à ce pauvre corps malade — le stoïcisme est une vertu qu'il admire et qu'il pratique —, mais la carcasse a de plus en plus de mal à entretenir cette force surhumaine. Les mois de février, mars et avril 1861 sont le théâtre d'une lutte sans merci de Delacroix avec son mur. C'est le dernier exploit du peintre. La volonté de finir, une obstination prodigieuse ont eu non seulement raison de la chapelle, mais aussi de son mal qui va connaître une rémission.

Il y a un côté extatique dans ces ultimes coups de pinceau. Sur la plate-forme des Saints-Anges, Delacroix est littéralement transporté, tiré hors de soi. Centré et ramassé sur le principe même de sa peinture. En accord absolu avec *La Lutte*. Il est sur le point de conclure. On a l'impression qu'il est en lévitation, comme l'ange de Heim, de l'autre côté du mur.

Dans cette fin qui préfigure étrangement sa propre mort, on le sent débordé par l'excès d'une force invisible. Cette présence impalpable, presque surnaturelle, est à rapprocher de la phrase qu'il prononcera quelques jours avant de s'éteindre : « Oh! si je guéris comme je le pense, je ferai des choses étonnantes; je sens mon cerveau bouillonner! »

C'est un *ravissement*. Delacroix est enlevé. Jamais dans l'extase finale, le corps n'a été aussi présent. Il a terminé à la force du poignet. Tout est dans cette articulation qui porte la main. « Le poignet seul, et non la main, imprime le mouvement au pinceau. La main ne sert qu'à tenir l'outil qui écrit, dessine ou peint; elle reste, pour ainsi dire, roide avec rudesse, et ne fait qu'obéir à l'action du poignet. »

Le corps, « cette guenille », comme il le qualifiait parfois avec mépris, n'est plus qu'un objet matériel sommé d'obéir. Comme Jacob, Delacroix en gardera dans sa chair les stigmates. Ces marques vont lui être fatales. C'est le prix à payer, la dernière épreuve avant l'illumination. Il a connu le passage à vide, l'impuissance, la nuit obscure. Voici venu l'embrasement final.

Le 22 juillet 1861, Delacroix a terminé la chapelle des Saints-Anges. Il n'a plus que deux années à vivre.

CHAPITRE XV

Le vol immobile du faucon crécerelle

Un jour brûlant de juillet 1999, je me suis encore perdu dans les coulisses de Saint-Sulpice. Le sacristain m'a pourtant indiqué le chemin au pied de l'escalier. Je dois me rendre à l'atelier d'un artiste situé dans les combles de la chapelle de la Vierge. L'escalier en colimaçon, qui dessert plusieurs étages, dessine un ovale parfait. Il est l'œuvre de Daniel Gittard, l'autre grand architecte de Saint-Sulpice avec Servandoni. Homme de l'ère classique, contemporain de Louis XIV, Gittard est le premier à avoir eu l'idée de mettre en scène ce sanctuaire. Les pilastres corinthiens qui encadrent les grandes arcades du chœur et de la nef, c'est lui. Il a disposé toute cette partie comme au théâtre. Servandoni, à l'entrée, n'a fait que se conformer à l'esprit de l'architecte fondateur.

La chaleur de l'été ranime des effluves de poussière desséchée, une odeur de vieille étoffe moisie que la canicule a rigidifiée. Les derniers degrés de l'escalier étayés par des poteaux métalliques rappellent l'état de délabrement de l'église.

Pour accéder à l'atelier du sculpteur qui m'a donné rendez-vous, je dois passer sur les terrasses du déambulatoire en travaux. Je croise plusieurs ouvriers torse nu. Avec truelle et plâtroir, ils marchent dans le vide en sifflant et ne paraissent pas étonnés de ma présence — peut-être m'ont-ils déjà aperçu lors de mes précédentes explorations.

Dans le soleil du mois de juillet, la pierre blanche de l'église resplendit. L'univers de treuils, de poulies, d'échelles, de cordages n'a apparemment rien de moderne et semble renvoyer à l'époque de la construction. L'accoutrement sommaire des ouvriers pourrait être celui des Compagnons sous l'Ancien Régime. L'un d'eux, vêtu d'un pantalon de coutil bleu et le dos couvert de tatouages, m'indique un escalier donnant accès à d'autres combles.

Je tombe sur un couloir. Des brocs à eau écaillés qu'on voyait autrefois sur les paliers, des chaises désarticulées gisent sur le sol. J'ouvre des pièces vides. Éviers disloqués, étagères rompues, tables bancales, chauffe-eau à l'antique : vision non pas de désolation mais d'abandon. Odeur de vieux plâtre et de suint. Ces couloirs, ces antichambres, ces réduits devaient être encore animés dans les années 60. L'arrière-fond de Saint-Sulpice bruissait de toute une vie comme à l'intérieur d'un immeuble. Une population de suisses, de sacristains, de sonneurs, de souffleurs d'orgue avec leurs chats, leurs bouillottes, leur papier peint, vivaient dans les innombrables logements qu'offrait l'envers du décor. Cette partie qu'on ne voyait pas était la plus vivante. En 1924, il fut décidé d'arranger deux petits logements au-dessus de la chapelle de Saint-Jean-Baptiste. Les portes qui furent forcées étaient restées fermées depuis 1793.

Maintenant que les hommes se sont passés de leurs dieux, que le règne de l'invisible a disparu, le nombre d'employés s'est réduit peu à peu en même temps que celui des fidèles.

« Porte condamnée », indique une pancarte. Que de portes condamnées à Saint-Sulpice! Le vent souffle dans le bâillement. D'où provient cette odeur défraîchie et écœurante de grenier et de fripes crasseuses? Un froissement désolé de papiers balayés par les courants d'air vibre sur le plancher. J'aimerais tant forcer cet accès interdit! Je suis hypnotisé par un minuscule morceau de carton piqué sur la porte. Ses bords sont déchirés. Il est à peine plus gros que la tête rouillée de la punaise. Il y avait un nom, une carte de visite sur la porte aujourd'hui hors d'usage. L'histoire récente de Saint-Sulpice n'est faite que de passages condamnés. Il a fallu borner le territoire devenu trop grand. Comme dans un bateau qui fait eau, il a été nécessaire d'isoler les compartiments, de rendre les cloisons étanches afin de sauver les œuvres vives. Une chaîne enserrant les poignées ajoute au déshonneur. Un cadenas pend.

Derrière la porte interdite, je frappe. Personne. Le silence qui provient de la salle défendue semble s'écouler vers moi, suppurant lentement comme une plaie infectée. Parfois, il est rompu par le craquement de feuilles racornies.

Je me suis égaré. Je décide de revenir sur la terrasse blanche en travaux. Mais je ne parviens pas à retrouver mon chemin dans le labyrinthe. Une haleine de poulailler, à la fois aigre et douceâtre qu'exhale le plumage d'oiseaux, me saisit les narines.

Dans une pièce mansardée, j'aperçois une ouverture. Elle diffuse une lueur blême. C'est un oculus, une de ces nombreuses baies rondes qui percent les murs de l'église et qui lui donnent cet éclat si remarquable. La particularité de cet œil-de-bœuf au vitrage coloré est d'être emprisonné dans les combles. Il s'ouvre sur une des chapelles latérales sud et ne transmet pas la lumière du dehors. Les panneaux de verres dorés sont très abîmés, l'armature et l'enchâssement des baguettes de plomb désunis. L'oculus peut s'entrebâiller comme une fenêtre. Je tire le crochet.

Comme par effraction l'intérieur de Saint-Sulpice s'ouvre à mes pieds. Une boîte à surprise, boîte à bagues précieuses, sombre comme un coffret de cèdre. Personne ne me voit. Les visiteurs sont microscopiques. Mais le plus étonnant est ce chatoiement argenté, éteint, qui accentue l'aspect désertique du sanctuaire. Rodin, qui a écrit sur Saint-Sulpice, a raison de dire que, comme dans un paysage, « ce qui est beau en architecture, c'est l'air ». L'espace agrandi démesurément par les hautes verrières est l'agent de liaison du sanctuaire. Au lieu de créer un vide, il anime l'immensité. Au contact de la couleur grise des murs la lumière d'aquarium émulsionne l'atmosphère, surtout au-dessus du chœur qui baigne dans un jour nacré.

Les dieux se sont retirés. Comme d'autres églises de France ou d'Europe, Saint-Sulpice se refuse à cette fatalité. Le vieil édifice dont Anne d'Autriche posa en 1646 la première pierre se défend pied à pied. Le Corps divin est encore là mais il est visible que les hommes ne veulent plus entrer dans sa jouissance.

Depuis l'oculus qui me permet de voir la nef et le chœur en surplomb, j'aperçois la lampe du tabernacle, frêle présence qui souligne surtout l'absence et la privation. Fragile au milieu du désert du monde, la flamme résiste, s'entête. Jusqu'à quand? Ce n'est pas de la tristesse que j'éprouve à la vue de ce grand corps vide et pourtant encore voluptueux, plutôt l'appréhension d'un désastre.

Niché dans mon poulailler, je considère l'immense théâtre à mes pieds. Il est si vaste qu'il semble abandonné comme après une soirée d'adieu. Je me sens soudain accablé. Peut-être à cause de ce silence ouaté, trop reposant. Cette solitude m'effraie.

Pour la seconde fois, après avoir été chassé du jardin d'Éden, l'homme se retrouve nu. Il a perdu un peu plus de son innocence. La maladie qui ronge Saint-Sulpice met plus que jamais en lumière cette fragilité. Comment protéger, conserver, consolider l'édifice? Mais surtout par quoi le remplacer si l'on ne désire pas le sauver? Statues, chaires, jubés, vitraux, peintures sont aujourd'hui orphelins, coupés de la ferveur d'un peuple. Un mariage, un enterrement ressuscitent une vague sentimentalité mais la fracture avec les origines semble irrémédiable. Cependant le long cortège des prophètes, des pietàs, des christs en majesté palpite encore d'une vie qui s'amenuise. La défense du patrimoine lui accorde un sursis mais le ressort est brisé. La cause agissante qui donnait une âme à cette imagerie est morte. Elle ne vibre plus de la foi et du regard adoré des fidèles.

Un tumulte feutré vient de troubler la léthargie du sanctuaire : un groupe de touristes. Des signes minuscules s'agitent autour du gnomon astronomique qui n'est pourtant pas à proprement parler une œuvre d'art. Presque invisibles, les visiteurs examinent l'instrument avec sa baguette de cuivre incrustée sur le dallage. La méridienne n'est plus aujourd'hui qu'une curiosité scientifique, une pièce de musée, alors qu'elle avait pour but de fixer avec précision la date de Pâques, ces fameuses fêtes mobiles qui délimitaient jadis la cosmologie de nos ancêtres. Un principe de vie s'en est allé. Cet art qui a chanté la gloire de Dieu et de ses saints est aujourd'hui *désenchanté*, pour reprendre le mot de Marcel Gauchet[1].

De mon œil-de-bœuf, je contemple les chapelles dépeuplées. Un silence de mort s'est emparé des autels devant lesquels on ne dit plus la messe. Ces chapelles ne sont plus incarnées. La chair des croyants représentant le Corps divin est morte. Ce sont des niches vides, seul le maître-autel continue à vivre.

L'église ressemble de plus en plus à un vieux vaisseau qui remonte au vent avec son feu de détresse à la proue. Les bruits de la nef me parviennent, d'une densité surprenante, mats et détachés du brouhaha de la ville, fluides, comme les ondes d'un sonar : les pas des visiteurs dans l'église diffusent un son à la fois fluide et étouffé, liquide comme une eau qui goutte doucement. La nef dégage une odeur de cire et de moisi.

Beaucoup de cathédrales, comme celle de Chartres, possèdent leur labyrinthe dessiné à même le sol. Ces méandres

---

1. *Le Désenchantement du monde* (Gallimard).

représentent le parcours de Jésus depuis son arrestation jusqu'au calvaire. Les fidèles devaient le suivre à genoux. Le dédale symbolise, paraît-il, une tradition de la Kabbale datant du roi Salomon.

Le labyrinthe de Saint-Sulpice se trouve, lui, sous les toits. Après avoir tâtonné dans un entrelacs de galeries, de réduits, de galetas poussiéreux, je parviens à retrouver l'escalier. L'ouvrier tatoué gâche du plâtre. Il réprime un sourire en me voyant. Je lui explique que je me suis perdu. Il croit savoir où se trouve l'atelier et se propose de m'accompagner.

Nous nous frayons un chemin à travers une forêt d'obélisques, d'arcs-boutants, de dômes, enjambant chéneaux, faîtages, gouttières et solives. Le zinc, le cuivre, l'ardoise étincellent. Sous le feu estival, la pierre rissole, se dore et va jusqu'à se tacheter de nuances safranées. Même le gris bleuâtre des plaques de plomb parvient à s'allumer. Sur la toiture de la chapelle de la Vierge en forme d'ellipse, l'étoile de cuivre à cinq branches fulmine sous la lumière.

Plus bas, un pélican de pierre nourrissant ses petits de sa chair surmonte la chapelle de l'Assomption, il paraît touché à mort. Le pélican, symbole de l'amour paternel…

Les échafaudages adossés étroitement aux murs de l'édifice sont enveloppés d'un vélum qui claque et se dépenaille au vent. On dirait les tours mobiles de quelque camp barbare fixées étroitement à leur proie pour mieux s'en emparer.

Ce Saint-Sulpice aérien plane au-dessus de la ville, répandant des effluves chauds de pâte fermentée. Je sens le souffle de l'église qui palpite sous moi. Le faucon crécerelle soutient son vol sans bouger près de la tour sud, où il s'est établi. En ce début d'été, tout paraît suspendu dans l'air aigre et brûlant.

Le faucon a piqué soudain sur la loggia en direction de la statue de saint Sulpice. Je ne le vois pas remonter. Des plumes volent doucement dans la lumière aveuglante.

L'ouvrier tatoué m'indique un appartement à deux étages niché sur une terrasse. Une maison dans les airs! Des fleurs ornent les fenêtres, des rideaux de cretonne tamisent la lumière. Les ferronneries en volutes sont magnifiquement ciselées. La maison coquette est cachée au creux d'une culée, à l'abri des regards. Un homme aux cheveux roux en sort. Il nous salue pensivement : « Il habite là, il est très discret. Il fait tout pour qu'on ne le remarque pas », commente mon compagnon. C'est peut-être la meilleure façon d'attirer l'attention! Est-ce l'homme dont m'avait parlé le sacristain?

Nous empruntons une partie du labyrinthe qui m'avait désorienté. Des arbustes prospèrent sur les corniches délabrées. Comme un morceau de sucre humide, la pierre usée s'arrondit et se dissout. L'ouvrier s'arrête devant une porte surmontée d'un écriteau : **CHAPELLE DES SAINTS-ANGES**. Je n'en crois pas mes yeux.

— C'est là, dit mon accompagnateur.

— Je ne cherche pas les combles de la chapelle des Saints-Anges, fais-je quelque peu contrarié.

— Qui vous a dit cela? Vous recherchez bien l'atelier de la femme sculpteur. Je pense que c'est ici. Vous n'avez qu'à frapper. Bonne chance, monsieur! murmure-t-il en s'esquivant.

Les caractères de l'écriteau inspirés des inscriptions latines à empâtement triangulaire sont typiques du XIXe siècle. Cette pancarte n'est évidemment pas à sa place.

La porte s'ouvre. Une vieille dame, grande, aux gestes élégants apparaît sur le seuil : « Ah! c'est vous. J'avais peur que vous ne vous soyez perdu. » Le regard droit, un peu sévère est paisible et impérieux. Une impression de fragilité et de détermination. « J'en connais qui n'ont jamais retrouvé leur chemin. Ils errent encore. N'entendez-vous pas leurs plaintes ? » dit-elle d'un ton enjoué. Nous tendons l'oreille. Je distingue en effet les murmures du vent et ses inflexions criardes.

—Vous les entendez, n'est-ce pas? déclare-t-elle en éclatant de rire.

— Les gémissements ne prouvent rien. Toute l'église se plaint.

— Elle est à plaindre. Elle souffre. Elle a besoin qu'on la soigne. Vous avez vu les travaux? Ça se rapproche. Un jour je devrai partir.

Elle parle avec un accent américain, ce qui n'a rien d'étonnant puisqu'elle est née à Buffalo (État de New York).

— La pancarte! Je vois qu'elle vous intrigue. Figurez-vous que je l'ai trouvée dans les gravats. Elle devait être probablement accrochée dans les combles au-dessus de la chapelle des Saints-Anges. Entrez donc!

Il y a des anges partout posés en rangs serrés sur la cheminée, les tables, les étagères, les tabourets. La cohorte céleste a pris possession de l'atelier. Sur un mur est punaisée une affiche représentant une armée d'archanges alignés comme à la manœuvre. Elle précise qu'il s'agit de la *Milice céleste* de Rudolfo Guariento provenant du musée de Padoue. Certains anges qu'elle a sculptés ont une flamme sur la tête comme dans certaines peintures de Fra Angelico.

— Elles ne sont pas rapportées, souligne-t-elle d'un ton un peu bourru. Les ailes, c'est pareil. Tout est taillé dans la masse.

— Pourquoi ne sculptez-vous que des anges?

— J'ai une dévotion particulière pour eux, explique-t-elle en adoucissant sa voix. Pour moi ce sont des êtres vivants. Ils sont près de moi. Je m'amuse follement avec eux.

D'un ton sec elle ajoute, comme si je la prenais pour une exaltée :

— Mais je ne les vois pas, évidemment.

On sent chez elle une vie intérieure rayonnante, une grande expérience contemplative qui ne doit pas être confondue, semble-t-elle signifier, avec une quelconque forme de mysticisme.

L'atelier possède beaucoup d'agrément, c'est un ancien appartement où les moulures, les ornements du plafond, le plancher signalent l'époque Louis XV. Mon hôtesse précise que les pièces servaient de logement à un prélat. L'atelier qui occupe le salon est meublé d'un petit canapé, d'une table basse, de chaises Tonnay et d'une bibliothèque. Le parquet de chêne à l'ancienne posé à angle droit est superbe.

— Ici, c'est un don du ciel, s'exclame-t-elle. Parfois il y a bien des fuites dans l'atelier comme partout dans cette église, mais je suis privilégiée de travailler ainsi sur les toits, en plein cœur de Paris.

Elle ajoute en parlant plus bas avec une émotion presque douloureuse dans la voix :

— Mes jours sont comptés mais les dates ne sont pas connues. Je devrai quitter ces lieux avec mes anges, soupire-t-elle mélancoliquement.

— Les anges semblent la spécialité de Saint-Sulpice, dis-je.

— Oui, mais je sculptais déjà des anges avant de venir ici.

— Je pensais surtout à Delacroix.

— Toute notre vie terrestre est une lutte avec l'Ange. Dans la peinture de Delacroix, je pense que l'Ange n'est pas Dieu, comme on le dit souvent. On ne lutte pas avec Dieu, dit-elle d'une voix presque sèche.

— Delacroix s'en souciait-il? Il était agnostique!

— N'est-ce pas lui qui a dit : « Dieu est en nous » ? Qu'ajouter de plus?

— Rien en effet. Il n'empêche qu'on se demande pourquoi il a choisi le thème de la lutte avec l'Ange.

— Oui, c'est bizarre. Savez-vous qu'en travaillant aux Saints-Anges il se délassait en peignant des *Chasses aux lions*, des tigres assoiffés de sang, rien que des choses cruelles!

Des grondements étouffés résonnent dans les murs, vaguement métalliques comme le martèlement sur la coque d'un bateau au radoub. Je marque un temps d'arrêt avant de dire :

— Je crois surtout que Delacroix était sans illusions sur l'homme. Pour lui, l'être humain n'était qu'une créature bestiale dirigée par la seule volonté de domination. « Un sentiment commun anime les hommes, a-t-il écrit un jour, se pousser et passer sur le corps de son voisin. »

— Oui, mais sa peinture prouve toutefois qu'il croyait à la part céleste de l'homme.

— À l'ange qui est en lui?

— Oui. D'ailleurs il n'y a que cette part-là qui m'intéresse, dit-elle.

De la main elle montre la multitude céleste qui peuple l'atelier.

Des roulements beaucoup plus nets provenant du plafond retentissent comme une canonnade ébranlant toute la pièce. Les coups vibrent dans l'air, on dirait une sourde détonation.

— Je vous le disais, ça se rapproche! Tout cela est angoissant. Déménager? Pour aller où? Les établis, les instruments, tout cela prend de la place. La sculpture est un art encombrant, murmure-t-elle.

Lors de mes explorations ultérieures, je suis revenu frapper à la porte de son atelier. Personne n'est venu m'ouvrir. Peut-être ne souhaitait-elle plus me rencontrer. Avait-elle été contrainte de quitter les lieux comme elle le redoutait?

De la rue Palatine, j'aperçois chaque jour la progression des tours mobiles en direction de son atelier aérien. Le filet des échafaudages cingle au vent comme un bruit d'ailes.

Les anges ont-ils été délogés?

CHAPITRE XVI

Le tétragramme sacré

Ne jamais rechercher un résultat immédiat, rôder loin de l'objectif pour mieux l'encercler : ces principes jusqu'à présent m'ont été secourables mais, après un début prometteur, il m'est arrivé aussi de rester en plan.

Je me souviens par exemple être tombé en 1993 sur un roman intitulé *Les Nuits de Lutèce*[1]. Une bonne partie de l'histoire se déroule dans la chapelle des Saints-Anges. C'était le lieu de rendez-vous galant du héros. Depuis Casanova et le chevalier des Grieux — qui retrouvait Manon Lescaut à Saint-Sulpice —, les libertins rencontrent souvent leur proie dans les églises. Le côté sacrilège les excite. Certes, c'est la maison de Dieu mais, comme c'est un Dieu d'amour, il doit probablement n'y trouver rien à redire. (Pendant les « années de plomb », la chapelle était aussi le lieu de rendez-vous favori des gauchistes italiens.) Le roman en question n'a d'ailleurs rien de libertin. L'auteur, David Shahar, de nationalité israélienne, y décrit longuement *La*

1. Traduit de l'hébreu par Madeleine Neige, 1992 (François Bourin-Julliard).

Lutte. Comme tous ceux qui ont été envoûtés par cette peinture, il a la conviction qu'elle renferme une intention cachée. Le paradoxe est que l'héroïne nommée Lutèce affirme détester l'église et « sa mise en scène de la vertu chrétienne ». Le sanctuaire provoque chez elle un étouffement terrible. Elle n'aime pas non plus Delacroix qu'elle juge trop théâtral, trop pompeux.

Ce roman m'avait plu par sa façon de brouiller les pistes, de ménager les fausses certitudes et les occasions manquées pour mieux abuser le lecteur. Faut-il se fier aux apparences? demandait David Shahar qui résumait ainsi l'enjeu : « Y a-t-il une correspondance entre l'aspect physique des êtres et leur essence? »

Je m'étais mis en tête que cet écrivain cherchait la même chose que moi. Il vivait à Jérusalem. Je lui avais écrit par l'intermédiaire de son éditeur. Pas de réponse. Le temps avait passé. Un jour, au festival *Étonnants Voyageurs* de Saint-Malo, je me trouvai enrôlé dans un débat dont j'avoue avoir oublié le sujet. Je me souviens seulement de quelques passes d'arme avec un homme que, sur le coup, je pris pour un Breton. La casquette de pêcheur, les traits burinés, une franchise rude et cordiale trahissaient son natif d'Armorique. Mon pêcheur n'était autre que David Shahar, l'homme que je recherchais.

Nous allâmes siffler quelques verres dans les bars de la ville. Il me raconta l'histoire des *Nuits de Lutèce*. Tout était parti de la tour nord de Saint-Sulpice : « Je ne connaissais pas cette église. Quand je l'ai vue, sa masse m'a effrayé. Mon regard a été aussitôt intrigué par une inscription en hébreu. Elle était gravée sur les frontons triangulaires de la tour la plus haute. C'était le tétragramme sacré du nom divin YHWH! Il est interdit à un juif de le prononcer, c'est le nom ineffable. Celui qui le profère n'a pas sa place dans le monde à venir. Que venait faire cette inscription en hébreu dans un sanctuaire chrétien? Je suis entré dans l'église. La première chose qui s'est présentée à moi, c'est *La Lutte de Jacob avec l'Ange*. L'épisode symbolise un moment capital dans l'histoire de mon peuple. La naissance d'Israël! J'ai écrit dans mon livre que Delacroix a commis une erreur. Il a peint un ange au lieu d'un homme. Il n'a pas de sexe déterminé. Cette incertitude est très étrange. Moi je pense que l'Ange est terrifié. Jacob l'a frappé au-dessous de la ceinture. Mon héroïne s'exclame : "Dieu a peur!" »

Cette réflexion m'avait beaucoup frappé. Je lui avais fait part de ma perplexité : « Je ne comprends pas! Est-ce Dieu, un ange ou un homme? » Il m'avait répondu que le récit de la Genèse dans lequel se superposent plusieurs versions avait été remanié à différentes époques afin d'être conforme à l'orthodoxie juive : « On ne combat pas Dieu, le texte évite soigneusement de le nommer, c'est pourquoi il a fallu par la suite le transformer en ange. » Nous avions longtemps débattu de la réalité du combat. Jacob avait-il vraiment lutté? Ne s'agissait-il pas de la transposition d'une épreuve mystique racontée après coup comme un événement réel? « Si Jacob a inventé cette lutte, pourquoi alors est-il blessé? Il s'est mutilé lui-même? — Non, avait-il tranché, la blessure est bien la preuve qu'il y a eu combat. »

Les Nuits de Lutèce est un roman sur l'impossible nomination. Shahar m'avait longuement parlé de Ludwig Wittgenstein, qu'il cite au début du roman. Comme Delacroix, le philosophe autrichien était obsédé par sa propre identité. « Suis-je vraiment celui qui porte mon nom ? » La lancinante question, Wittgenstein se la posait encore quelques jours avant sa mort.

Nous avions promis de nous revoir. David Shahar est mort le 2 avril 1997. Il a emporté le secret du nom dans sa tombe.

L'affaire Henry Delacroix m'a laissé le même sentiment de frustration.

Dans une famille, il faut toujours observer le membre le plus discret. Chez les Delacroix, c'est sans conteste Henry. Cet effacement s'explique facilement : ce frère du peintre est mort, comme on le sait, à la bataille de Friedland. À trois jours près, il allait avoir vingt ans. Grâce au maire de Contault, j'ai pu savoir qu'il appartenait au 7e régiment de chasseurs à cheval, 5e compagnie.

Pour en savoir plus, je me suis rendu aux Archives militaires de Vincennes. On m'a présenté un grand registre avec une belle reliure crevassée en peau de chagrin. J'ai appris qu'il était arrivé à son régiment le 1er octobre 1806. Brigadier le 1er janvier 1807, fourrier le 1er février, maréchal des logis le 1er avril de la même année. Il ne dépassera pas le grade de sous-officier. Le registre ne précise pas les circonstances de sa mort à Friedland. Henry appartenait à la cavalerie légère. Il chargeait avec un sabre courbe de quatre-vingt-dix centimètres. En principe il était muni d'un mousqueton accroché au baudrier et d'un pistolet logé dans les fontes de la selle.

Le site de Friedland, aujourd'hui, est admirable. L'Alle sinue délicatement dans un paysage aux verts moutonnements. Tout s'est joué dans la boucle au creux de laquelle est situé le village de Friedland. Henry Delacroix est-il mort lors de la charge de Grouchy qui enfonça l'armée russe? Cette absence de *connaissances* me met sens dessus dessous. Que peut-il rester d'un être jeune mort il y a près de deux siècles en Prusse-Orientale? La description physique qu'en donnent les documents militaires est évidemment sommaire. Henry avait les yeux bleus. Il était de taille assez grande pour l'époque : 1,77 mètre.

Mais pourquoi s'intéresser à Henry plutôt qu'à Charles-Henry, l'aîné? Un chercheur, le docteur Jean-Luc Stéphant, a suivi Charles-Henry en accumulant nombre d'éléments troublants[1]. La question du frère pour quelqu'un comme Delacroix qui s'identifie à Jacob est à prendre en considération. Le lutteur du Yabboq a berné une première fois Ésaü qui a vendu son droit d'aînesse pour un plat de lentilles, une seconde fois en usurpant la bénédiction paternelle.

Eugène Delacroix n'avait que neuf ans lorsque Henry est mort à Friedland. Rien n'indique une rivalité quelconque entre les deux frères. Du côté de Charles-Henry qu'une légende tenace et injuste a fait passer pour le modèle de Phi-

1. « Chili et le frère "oublié" d'Eugène Delacroix », par le docteur Jean-Luc Stéphant, in *Bulletin de la Société de l'histoire de l'art français*, 1990.

lippe Bridau, l'un des personnages de *La Rabouilleuse,* un conflit paraît plus plausible. Cependant Jean-Luc Stéphant a démontré que Charles-Henry Delacroix, aide de camp du prince Eugène, grièvement blessé lors de la retraite de Russie, ne saurait être confondu avec ce dépravé de Philippe Bridau. Il n'empêche que, comme le héros de Balzac, le frère aîné du peintre a connu la déchéance, en épousant une fille d'auberge. Il n'est pas indifférent non plus d'apprendre que Charles-Henry se maria à Louroux en Touraine dans l'église Saint-Sulpice.

Néanmoins, si l'on examine de près *La Rabouilleuse,* certains personnages ne sont pas anodins pour qui s'intéresse à la famille Delacroix. Joseph Bridau est un peintre de génie, généreux et ardent, très pauvre, absorbé par son art, qui finira par s'imposer et connaître la gloire. Cependant il reste marqué par une enfance douloureuse, sa mère lui préférant son frère Philippe. Mariée à un haut fonctionnaire de l'administration impériale, Mme Bridau s'était retrouvée veuve très tôt avec ses deux jeunes enfants.

Balzac précise qu'elle avait eu elle-même une enfance difficile, haïe par un père qui la croyait fille adultérine. Il est visible que l'auteur de *La Comédie humaine,* qui a dédié à Eugène *La Fille aux yeux d'or,* connaissait l'histoire de la famille Delacroix et qu'il s'est servi de certains faits pour composer le portrait d'Agathe Bridau et de ses deux fils. Balzac va même jusqu'à se trahir dans un texte, *Entre savants,* une ébauche rattachée à *La Comédie humaine* où il est question de Joseph Bridau : il le nomme par erreur Eugène Bridau.

Dans son *Journal*, à la date du 15 juillet 1850, Delacroix mentionne un passage entier de *La Rabouilleuse*. À l'évidence, l'extrait, qui n'a rien à voir avec la situation familiale des Bridau, lui a plu. Comme pour Talleyrand, comme pour Charles Delacroix, il cite sans jamais s'attarder. Impavide comme à son ordinaire. À l'époque de la publication de *La Rabouilleuse* en 1841, tout le monde avait fait le rapprochement. Excepté Delacroix. Lui, *ne veut pas le savoir.* On peut interpréter ce refus comme une provocation ou de l'ironie. Il sait que tout le monde sait. Il n'en a cure. Mais il ne se tait pas pour autant. Il nomme, énonce. Avec le sang-froid qui le distingue, Delacroix feint et joue sur le sous-entendu, l'implicite. C'est sa façon à lui de mettre à distance, de défier tout en sachant que le tabou demeure. Une manière de se désentraver un instant tout en restant prisonnier du secret.

En fait, tout a commencé à Augerville, château où Delacroix fit de nombreux séjours à l'époque de la chapelle des Saints-Anges. C'est à Augerville qu'est née la légende sur sa naissance, propagée par Mme Jaubert, très assidue des soirées musicales auxquelles participait le peintre. Ses *Souvenirs*, où elle insinue que Talleyrand était le père d'Eugène, montrent qu'elle l'a beaucoup observé pendant ces réceptions.

Toutes ces gesticulations absurdes pour suivre Delacroix comme un chien à la trace, jappant joyeusement à l'approche d'un os, il n'y a pas de quoi rire.

Le parc dont Delacroix fit plusieurs croquis a encore fière allure. La propriété a été achetée par une société japonaise qui l'a transformée en golf à dix-huit trous. L'intérieur du château, c'est autre chose. Les pièces ne sont plus que ruine et désolation.

J'eus l'honneur de visiter le château et le golf en compagnie de M. Kameyama, qui souffrait en silence, en me montrant des bâtiments inachevés : « Il nous a fallu interrompre la construction du club-house. La crise au Japon a commencé très tôt et elle s'est finie tard », se lamentait-il.

Le style troubadour a laissé de nombreuses traces dans le château. Des devises médiévales ornent murs et cheminées. Beaucoup de pièces délabrées laissent passer le vent, certaines ouvertures sont bouchées au moyen de sacs en plastique. « Quand la crise sera finie, nous réparerons », répétait M. Kameyama qui ne pouvait dissimuler sa gêne.

En attendant la reprise, le restaurant et le bar avaient été installés dans les communs Renaissance du château. Impossible d'identifier la chambre au premier étage qu'habitait Delacroix. Qu'étaient devenues les fresques qu'il avait cru du XVIIe siècle?

À la mort de Berryer en 1868, Augerville verra se succéder de nombreux propriétaires. À peine achètent-ils qu'ils veulent s'en débarrasser. Je découvre que le fondateur de ma maison d'édition, La Table Ronde, a passé toute son enfance au château d'Augerville.

Aux dernières nouvelles, les Japonais ont vendu. Une société française s'est portée acquéreur. La crise est finie. Il paraît qu'Augerville va renaître.

CHAPITRE XVII

L'œil de Jacob

J'ai pris rendez-vous avec le sacristain pour voir les deux anges en bois. On les a découverts il y a quelques années dans la crypte de l'église où se trouvent enchâssés les vestiges de l'ancien sanctuaire construit au début du XIIe siècle.

J'ai le sentiment désagréable que Delacroix s'absente parfois de son secret pour mieux m'abuser. Serait-il devenu pour moi l'adversaire, l'opposant? « Il y avait de l'ange rebelle qui a racheté son âme par la grandeur du génie », a relevé le romancier et essayiste Arsène Houssaye, contemporain du peintre[1]. L'ange rebelle. Avec Delacroix on ne sort pas des créatures célestes. Le poème de Baudelaire que la conférencière aime tant citer insiste sur cette part maléfique : « Delacroix, lac de sang hanté des mauvais anges. »

À peine entrons-nous dans la crypte que la lumière s'éteint. Passée la surprise un peu angoissante, je cherche à m'orienter. Dans les ténèbres, je sens au-dessus de moi le

1. Cité par René Huyghe in *Le Combat solitaire*.

souffle de l'église, sa pulsation lente, ventilant une odeur de marais. Des voix d'enfants se mêlent à ce fond sonore qui peut être pris pour du silence mais qui gronde sourdement, dans un murmure à peine perceptible.

Il a suffi que la lumière se rallume pour que l'odeur de la crypte change. Elle rappelle à présent le fruit blet. Le monde souterrain qui s'offre soudain à moi est fait de galeries, de grottes, d'immenses salles éclairées par un jour de soupirail. Avec leurs puits d'aération, leurs gradins, ces catacombes ressemblent à une carrière désaffectée. La base rugueuse des piliers qu'on dirait taillés à la pioche est inquiétante. Elle évoque des pieds d'éléphants, une forêt de sabots prêts à s'animer. J'ai peur d'être écrasé.

Le sacristain ouvre le chemin devant moi. Le dédale est bien l'image renversée du sanctuaire au-dessus de nous. Mais une image gauchie, la perspective des murs et des plafonds est tronquée, déformée.

Nous sommes ici au centre de Saint-Sulpice, dans la partie nocturne et sauvage où s'accomplit la gestation. C'est dans cette caverne, au cœur des ténèbres, que Saint-Sulpice a grandi et prospéré, à l'ombre de l'élément liquide présent sous la forme d'un puits qui ressemble à un monument funéraire.

Avant la Révolution, la crypte servait de cimetière. On évalue à cinq mille le nombre de personnages enterrés dans les fondations. Le sous-sol avait, dit-on, le pouvoir de conserver les cadavres en les desséchant — dans le chœur on voit encore la trappe par où l'on descendait les corps. Mme de Lafayette, Armande Béjart, la Champmeslé, Montesquieu, furent inhumés dans cet hypogée. Sous la Terreur, les révolutionnaires profanèrent les sépultures. Le plomb des cercueils fut utilisé pour fabriquer des balles. Dans un coin, il est indiqué au-dessus d'une petite ouverture la présence d'un ossuaire : j'entrevois un terril poussiéreux fait d'un mélange de chaux et d'humus. Il exhale une odeur de serpillière.

Certaines salles sont ceintes de grilles. Colonnes brisées, chapiteaux posés à même le sol, stèles, sarcophages : ce monde d'outre-tombe est la réplique des latomies, ces carrières qui servaient en Grèce de prison. Au milieu de cette complication inextricable, je tombe sur une inscription, écrite sur un carton : *« Ci-gît Louise-Élisabeth d'Orléans, reine d'Espagne, décédée le 16 juin 1742. »* Qui a calligraphié cette épitaphe? La transcription est récente. L'église éternellement recommencée et refondée porte dans son assise la marque irrémédiable de la perte, de l'inachèvement — c'est grâce à une loterie que le curé Languet de Gergy put terminer les travaux. Ces fragments d'architecture, ces pierres tombales, cette obscurité et cette splendeur désolée de mausolée font ressortir aussi à l'envi la privation, l'enfermement. La nécropole me rappelle soudain les combles de la loggia et les architectures de ruines imaginées par Servandoni.

Ce monde m'oppresse. Il ne cesse de me tourmenter, peuplant ma vie nocturne. Mais pourquoi ces obsessions surgissent-elles à cet instant dans le soutènement du sanctuaire? Ces voix, ces soupirs, ces bêtes invisibles, ces salles closes, cette soufflerie… Un homme torturé criant dans la nuit, un bruit de chaînes, une plainte, le fracas des portes de fer, les pas de nos gardiens. Le paysage sonore s'évanouit en fondu, dessinant en creux le silence blanc de la geôle.

Le sacristain, l'air préoccupé, me regarde. J'ai le visage blême. Mais il a suffi qu'il ajoute : « Ne faites pas attention au désordre! » pour que la simplicité cordiale du propos me fasse retrouver ma respiration et mes esprits.

Nous sommes dans le théâtre de la crypte, appelé aussi salle Saint-Just. On y donne régulièrement des représentations. Pendant la Révolution, Saint-Just alors député de l'Aisne à la Convention, y tenait, dit-on, ses réunions. Saint-Just, l'« archange de la Révolution »... La milice céleste a décidément investi Saint-Sulpice qui, on l'oublie trop souvent, fut aussi une église révolutionnaire.

Le réduit que le sacristain vient d'ouvrir est un capharnaüm. Il s'en dégage des relents fanés de poussière avec quelques notes terreuses et humides. Chaises éclopées, chandeliers invalides, personnages de la crèche impotents gisent à terre. Au milieu de cet hospice où ont échoué tous les rescapés de la brocante sulpicienne apparaissent deux créatures surnaturelles.

Il s'agit bien d'une apparition. Deux êtres parfaits. Pour moi et pour mon ami le sacristain, ils ont pris une apparence visible, ce qui, après tout, est normal pour des anges. Parfaits? Le qualificatif mérite d'être nuancé. La carnation des deux statues est sombre. En plus elles sont mutilées comme tous les objets de ce débarras. À chaque ange il manque l'aile gauche. Le plus beau des deux — l'autre est un peu joufflu — est manchot, il n'a plus d'avant-bras droit. Mais quelle douceur et quelle harmonie dans l'expression!

Malgré leur infirmité, les deux anges imposent à tout ce désordre leur présence apaisante.

À l'origine, ils se trouvaient à l'intérieur de l'ancienne église Saint-Denis-de-la-Chartre dans l'île de la Cité et encadraient le maître-autel. Ils disparurent à la Révolution et furent dénichés chez un brocanteur par le curé de Saint-Sulpice qui les plaça au milieu du chœur. Ils furent ensuite placés à l'entrée de la chapelle de la Vierge puis, en 1860, de chaque côté de l'autel de l'Assomption.

Delacroix a vu les deux archanges ténébreux. Il n'en fait aucune mention dans ses écrits, mais le temps très long qu'il a passé à Saint-Sulpice laisse supposer que les moindres détails de l'église lui étaient familiers.

Le sacristain m'observe avec une certaine perplexité : je ne cesse de tourner autour de la tête des deux anges, de prendre du recul, de revenir vers eux. Une idée saugrenue vient de me traverser l'esprit.

— Regardez, dis-je, ne trouvez-vous pas une ressemblance?

— Une ressemblance? Avec qui?

Il se reprend et me regarde. Il a compris et se met à sourire — sans doute pense-t-il à cet instant qu'il ne faut pas contrarier les monomaniaques et qu'il est préférable d'entrer dans leur jeu.

— Vous pensez bien sûr à l'Ange de Delacroix?

— Avouez qu'ils ont un air de famille. Plus je les regarde, plus je trouve la parenté troublante.

— Peut-être, mais la représentation des anges obéit toujours aux mêmes lois : le port des ailes, une coiffure plutôt féminine.

— Je parle du visage : le nez, le menton, l'orbite des yeux. Sans parler de la coiffure et de la forme des ailes.

— Oui, peut-être…

Il me regarde avec indulgence. Mon emballement doit le toucher.

Ils sont bien sombres pour des anges. Je me demande si ce n'est pas pour cette raison qu'on les a enterrés dans les profondeurs de Saint-Sulpice.

— Enterrés ! Là, vous exagérez. Il fallait bien les ranger quelque part. Je ne sais pas d'ailleurs à quelle époque on les a mis dans cette cave.

Justement, pourquoi les avoir entreposés au cœur le plus obscur de l'église ! Je me garde bien de faire part de ma perplexité à mon compagnon. La beauté des deux anges relégués dans la partie souterraine du sanctuaire était-elle trop inquiétante ? Saint-Denis-de-la-Chartre où se trouvaient les statues était à l'origine une prison. L'église a été rasée. Alors la vie d'errance des deux créatures célestes a commencé. Célestes ? Enferme-t-on au royaume d'Hadès des êtres aussi lumineux ?

« Satan lui-même se déguise bien en ange de lumière », est-il indiqué dans la deuxième Épître aux Corinthiens. Lucifer était le plus beau et le premier des anges. L'orgueil l'a fait tomber pour le précipiter à jamais dans le feu éternel. L'ombre menaçante des deux anges hante la muraille de Delacroix.

Je veux en avoir le cœur net. Je remonte au rez-de-chaussée pour me précipiter dans la chapelle des Saints-Anges.

Mon irruption a tout d'une perquisition. Je tombe nez à nez avec... Léopold et la conférencière. Quelle coïncidence! Ils semblent bien se connaître. Curieusement, ils n'ont pas l'air surpris de me voir. Léopold déclare d'une voix solennelle :

— Nous t'attendions.

— Comment saviez-vous que j'allais venir? dis-je avec une pointe d'inquiétude dans la voix.

— Oh! c'est facile. Tu visitais la crypte. Je savais qu'en remontant tu allais t'arrêter ici, dit Léopold en contemplant ses mains d'un air songeur comme le font au cinéma les policiers particulièrement coriaces.

— Qui vous a dit que je visitais la crypte?

— À Saint-Sulpice tout se sait. C'est un petit village! Ces deux anges, tu les as vus?

— Je venais justement vérifier un détail, dis-je avec une expression soupçonneuse.

J'hésite à leur raconter ma visite. Je suis sous le choc de cette rencontre, la connivence de cet homme et de cette femme m'intrigue.

La chapelle fait miroiter une lumière de vive eau, ample, tumultueuse. Son éclat entre par flots à travers la verrière. L'Ange est submergé par la grande marée lumineuse. Sa chevelure brille au soleil. Le nez, la forme du visage, la chevelure rappellent, c'est vrai, les anges de la crypte.

Une évidence s'impose tout à coup, suscitée par la présence de Léopold et de la conférencière : je suis trop près. Je suis resté trop longtemps le nez collé à la muraille. Il faut rester à distance pour la percer. Celui qui pénètre dans la chapelle est piégé, ceinturé par les deux panneaux latéraux.

Qui interroge *La Lutte* et *Héliodore* est aussitôt capturé. La puissance d'absorption de cette chapelle est terrible. La caravane qui va disparaître dans le défilé au fond est le principe même de cette aspiration. Sur la tour mobile, j'avais déjà constaté la force d'engloutissement de *La Lutte*. Cette clarté de mer montante m'y fait songer.

Léopold a chaussé ses élégantes lunettes noires. La conférencière s'impatiente. Elle cligne des yeux et ne supporte pas le feu liquide qui inonde la verrière. L'amplitude aveuglante semble soulever la chapelle. On dirait que Delacroix a levé les grandes vannes de l'océan pour tout recouvrir.

Nous ne parlons pas, interdits devant le spectacle. Ce n'est qu'au moment où la lumière paraît en décrue que Léopold brise le silence.

— Rupture des digues... Ça déborde! Il se passe toujours des choses bizarres dans cette chapelle.

— Quel débordement? Je ne saisis pas!

— C'est clair, non! Tu fais fausse route, chuchote-t-il. Je t'ai déjà prévenu.

Fausse route? Que sait-il de l'objectif que je poursuis? Et pourquoi ce ton? Il dit qu'il faut se dégager de l'emprise de Delacroix. Il m'emmène devant le coquillage géant dont Pigalle a décoré le socle de marbre blanc. Il parle à voix basse :

— Regarde ce coquillage. Il vient d'Océanie. La République de Venise l'a offert à François Ier. C'est un tridacne de l'espèce mangeur d'hommes. Delacroix l'a beaucoup regardé. Il s'est même servi de l'empiétement de Pigalle pour dessiner la base d'un des trois arbres, celui qu'on aperçoit au premier plan. Mangeur d'hommes, tu comprends?

Il parle avec fébrilité de l'origine obscure de *La Lutte*. À travers ces paroles, je finis par comprendre que Delacroix s'est inspiré d'un tableau du Titien, *Le Martyre de saint Pierre*.

— L'histoire de cette toile est incroyable! Tu te rends compte! Dérobée par Napoléon, restituée après Waterloo, réinstallée dans l'église de San Giovanni et San Paolo à Venise, elle a disparu lors d'un incendie en 1869. On croyait qu'elle avait été détruite. Qui l'avait récupérée? Mystère. Pendant un siècle, on n'en a plus eu aucune nouvelle, jusqu'à ce qu'elle fût introduite sur le marché clandestin. Elle serait aujourd'hui à Zurich. Le point de départ, le principe même de *La Lutte*, se trouve dans ce tableau faussement disparu. Les arbres, le combat titanesque, tout y est.

D'un air sibyllin il m'explique que le maître des Saints-Anges n'est pas le Petit Poucet et qu'il n'est pas du genre à semer des cailloux blancs pour me ramener au logis. En revanche, il a bien chaussé les bottes des sept lieues pour éloigner tout gêneur du Yabboq :

— Tu as évidemment compris que cette chapelle est fort peu angélique.

Que signifient ces sous-entendus, ces mises en garde à peine voilées? La conférencière se tient à l'écart sous le portique de l'orgue. Elle ne participe pas, mais son embarras, un certain énervement dans ses mimiques indiquent qu'elle sait de quoi nous parlons.

Léopold veut me fournir des explications. Pourquoi insiste-t-il sur la destination première des Saints-Anges? Delacroix croyait qu'elle s'appelait chapelle des Fonts-Baptismaux. Il avait choisi des sujets en conséquence non seulement sur le baptême mais aussi sur le péché originel et l'expiation.

— Tu y crois, toi, au péché originel? interroge-t-il d'un ton hésitant.

— La question d'y croire ou non ne se pose pas, dis-je. C'est comme l'air, une évidence. Il est vrai qu'on ne le voit pas.

— Une évidence! Tu sais que c'est une notion inventée par saint Augustin.

— Appelle cela comme tu veux : la chute, la perte de l'innocence originelle. Depuis la Création, c'est la marque de notre imperfection. Nous sommes à jamais divisés d'avec nous-mêmes. L'énigme du mal! Tu connais le mot de Pascal : « Sans ce mystère, le plus incompréhensible de tous, nous sommes incompréhensibles à nous-mêmes. »

— En tout cas Delacroix croyait au péché originel. Comme Baudelaire d'ailleurs. Il a dû être frustré de ne pas pouvoir traiter un tel thème à Saint-Sulpice. Encore que...

La conférencière lui fait des signes. Il lui répond en me désignant discrètement d'un mouvement de tête.

— Le péché originel, le mal, la corruption héréditaire, soit. Les murs des Saints-Anges en sont imprégnés. L'orgueil de Lucifer est bien à l'origine de la chute. Tu devrais réfléchir aussi à l'orgueil de Delacroix. Qui suis-je? Comment les événements me voient-ils? L'éternelle vanité humaine! Cette certitude qu'il a de tout contrôler. C'est terrible! Il n'y a aucune rédemption. Sauf celle de son génie, diront les bonnes âmes. Bon, je dois partir.

Léopold et la conférencière s'éloignent. Leurs pas résonnent dans l'église. Je suis seul. Un bruit vieux. J'aime entendre ces coups sourds et solennels sur le pavement lisse à force d'être usé. Ils retentissent dans l'immensité du sanctuaire. Tous ces bruits familiers — les clameurs étouffées du dehors, le frappement de la porte capitonnée — colorent le paysage sonore de Saint-Sulpice. Ils me sont aussi familiers que l'architecture de l'édifice.

Je me sens désemparé. Cette rencontre fortuite, leur complicité, l'inquiétude de Léopold, l'agacement de la conférencière. Paradoxalement elle m'est apparue moins véhémente. Pour une fois elle ne posait pas. Si sa fébrilité n'avait pas disparu, je n'en étais plus l'objet. Qu'ont-ils voulu m'expliquer?

Les cierges de la chapelle des Âmes du Purgatoire s'éteignent. La pointe noire de la mèche fumante renvoie jusqu'à moi une odeur de graisse de mouton. Le « royaume des ombres », avait dit un jour la conférencière en parlant de la chapelle décorée par Heim. L'éclat des Saints-Anges me paraît subitement indécent. Dans la division du sanctuaire, Heim a obtenu comme Hadès le monde inférieur, le séjour des ombres. Mais c'est peut-être lui qui, en fin de compte, détient la vraie richesse.

Je n'ai pas envie de suivre le conseil de Léopold. Je reviens à la chapelle des Saints-Anges. Adossé au mur de la verrière — c'est la meilleure position, une façon aussi de me tenir à distance pour n'être pas pris — je regarde les deux peintures. *La Lutte* paraît si placide, si lumineuse, si transparente. Le mouvement silencieux des trois grands arbres, le souffle profond qui gifle les rideaux du Temple s'installent comme une rumination paisible.

L'œil de Jacob attire mon attention. Jamais il ne m'avait semblé aussi exorbité. On peut expliquer cette fixité extrême par l'effort qu'il fournit. Cependant la tache noire qui figure la pupille ne traduit pas seulement la concentration mais aussi un bouleversement. Ce bouleversement a toute l'apparence de la frayeur. Quel est donc cet adversaire qui agrandit aussi démesurément l'œil de Jacob? Cet œil unique, cyclopéen, est-il un avertissement? Ce regard mauvais, dérangeant, porte toutes les puissances occultes de la peinture. La part diabolique de *La Lutte* n'est-elle pas enfermée dans cette œillade noire?

Ce point affolé au milieu de la lumière du Yabboq change tout. Et si, bien avant Gauguin dont *La Vision après le Sermon* contrefait l'épisode de la Genèse, Delacroix avait subverti la scène de l'Écriture? Ce ne serait pas la première fois.

Jacob est représenté non pas en personnage biblique, mais en héros mythologique. Comme Hercule, il porte la léonté en bandoulière, la dépouille de lion dont on aperçoit une griffe voler au mollet droit. Dieu solaire impassible, l'Ange a une tête d'Apollon. Il nous prend à témoin de la façon la plus effrontée : en nous faisant de l'œil. Il regarde à peine son adversaire et ne se soucie que d'une chose : son complice, le spectateur.

Déjà dans sa première grande œuvre religieuse, *Le Christ au jardin des Oliviers*, il en avait détourné le sens. Ce tableau de 1824 se trouve dans l'église Saint-Paul-Saint-Louis à Paris. Dans l'attente de l'arrestation, le Christ prie : « Père, si tu veux, éloigne-moi de cette coupe. » Apparaît alors venant du ciel un ange chargé de réconforter le Christ. Cet épisode, Delacroix l'a transformé d'une curieuse façon : au lieu d'accueillir les anges, le Christ les repousse — pour bien appuyer son propos, il a représenté non pas un, mais trois anges. Les envoyés du Père, le Fils ne veut pas en entendre parler. Le geste de la main est clair, il est même scabreux : le Christ les envoie tout simplement promener. « Qu'ils aillent au diable ! » semble-t-il leur signifier. On voit bien que les pauvres anges se mettent à pleurer non pas parce qu'ils se représentent les affres à venir du supplicié, mais parce qu'ils sont éconduits de la pire façon.

Dans sa *Vision après le Sermon*, Gauguin reprendra à sa façon le thème de *La Lutte* en donnant à l'Ange un aspect démoniaque. Lautréamont, qui s'installera à Paris en 1867, s'est-il souvenu de la peinture de Delacroix quand il écrira le chant deuxième de *Maldoror*? Maldoror veut à tout prix embrasser la bouche de l'Ange épuisé. Il finit par l'étrangler. « Il se penche, et porte la langue, imbibée de salive, sur cette joue angélique, qui jette des regards suppliants. »

Le musée Delacroix, rue Furstenberg, possède plusieurs carnets du peintre datant de l'époque des Saints-Anges. Il y a consigné ses dépenses en matériel de peinture, en charbon, en cigares. La dernière page de l'un de ces carnets à couverture mouchetée bleue se termine par l'aile d'un ange.

Ce n'est pas une esquisse. Delacroix semble l'avoir crayonnée distraitement comme on orne un coin de page.

Cette aile est noire. Son envergure est crochue, exagérément dentelée.

Ce n'est pas l'aile d'un ange.

CHAPITRE XVIII

La Sibylle et le rameau d'or

Un portrait de Nadar en dit long sur le black-out que le vieil artiste a voulu imposer à la fin de sa vie. Le photographe des célébrités était un voisin de Delacroix à Champrosay. Il habitait au milieu de la forêt une belle demeure, l'Ermitage, qui faisait l'émerveillement de Delacroix (« C'est un manoir comme cela qu'il me faudrait », s'écrie-t-il avec une pointe d'envie).

Nadar a photographié le peintre dans ses dernières saisons. Instantané saisissant. L'expression impénétrable, fermée, empêchant plus que jamais tout abandon, est unique. Malgré la pose qui vient conjurer le moindre laisser-aller, on peut entrevoir dans cette rigidité quelques linéaments. Delacroix recopiera un jour dans son *Journal* cette phrase terrible : « Je mourrai honteux d'avoir été homme. » La photographie intercepte un visage indifférent que seul vient troubler un imperceptible plissement. Défi ou dégoût? Il y a quelque chose d'inhumain dans ce maintien impassible qui est peut-être aussi une crânerie. Un vieillard désenchanté et fier toise le monde qu'il va quitter, même s'il se fait peu d'illusions sur l'autre vie (« Que trouverons-nous au-delà? La nuit, l'affreuse nuit »).

Une autre photographie de Petit datant de 1860 est encore plus terrible. Le regard du léopard noir est plus froid que jamais. La férocité des yeux plissés est presque caressante mais la scrutation est si perçante, elle allume une telle cruauté qu'elle en est presque intolérable. Delacroix avait trop de lucidité pour ne pas ignorer l'impression que suscitaient ces clichés. Il avait prié Nadar de détruire ces « tristes effigies ».

Dans l'invitation qu'il envoie en juillet 1861, Delacroix précise que les Saints-Anges peuvent être visités « depuis le mercredi 31 juillet jusqu'au samedi 3 août exclusivement, de 1 heure à 5 heures de l'après-midi ». Il raconte brièvement d'où *La Lutte* et *Héliodore* tirent leur origine, se contentant de paraphraser la Bible. Rien sur le plafond qui représente *L'Archange saint Michel terrassant le démon*. Un brouillon pour la rédaction du carton d'invitation[1] indique que Delacroix avait à l'origine l'intention de commenter cette peinture : « Les compagnons de la révolte gisent au loin écrasés et dispersés. Il [le démon] exhale encore une rage impuissante, mais un dernier coup de l'archange victorieux va le précipiter dans les abysses brûlants par la colère de Dieu. » Pourquoi a-t-il renoncé à cet exposé qui insiste sur la colère de Dieu? Commentant le passage du Yabboq, il écrit : « Cette lutte est regardée par les livres saints comme un emblème des épreuves que Dieu envoie quelquefois à ses élus. » Dans quels livres saints Delacroix a-t-il pu puiser une telle interprétation? Aucun pas-

1. Archives Claude-Roger Marx.

sage de l'Ancien ou du Nouveau Testament ne fait allusion à l'explication du peintre, au demeurant assez plate.

Le jour de l'inauguration, Louis-Charles Timbal, qui décorait la chapelle de Sainte-Geneviève située dans le déambulatoire, décrit un Delacroix inquiet. Grêle, souffreteux, le cou comme à l'ordinaire enveloppé d'un énorme cache-nez, il se porte au-devant de ses invités. Lui, d'ordinaire si assuré, ne parvient pas à cacher son trouble. « Le maître pâle et la lèvre tremblante d'une secrète angoisse de son cœur répondant en souriant des mots dont il ne paraissait pas avoir conscience. » C'est un Delacroix qu'on n'a pas l'habitude de voir. La chapelle est l'œuvre de sa vie. Comme un écolier il attend le jugement des autorités artistiques.

Théophile Gautier félicite l'artiste. Les admirateurs du peintre comme Théophile Thoré et Baudelaire donnent, comme d'habitude, de la voix pour le complimenter mais chez d'autres critiques, tels Paul de Saint Victor ou Louis Vitet, des réserves pointent sous les éloges de circonstance. Saint Victor blâme le « ton gris fer » du cheval qui figure dans l'*Héliodore* et se moque franchement du plafond. Quant à Vitet, il trouve que Jacob manque de noblesse. Ses reproches blesseront profondément Delacroix.

La chapelle indiffère les officiels qui n'ont pas pris la peine de se déplacer. « Je n'ai eu la visite ni du ministre ni du préfet, ni de Nieuwerkerke[1], ni de personne de la cour et des personnes qualifiées, malgré mes invitations », notera-t-il amèrement. Une délégation des Beaux-Arts chargée d'examiner la

1. Directeur des Musées impériaux.

décoration déclare le 27 août 1861 : « Ce travail a paru à la sous-commission digne des ouvrages antérieurs de cet artiste. Il a été traité avec conscience et talent. »

Conscience et talent! On peut rire de ce commentaire prudhommesque mais il résume assez bien le jugement des contemporains. Le curé de Saint-Sulpice sollicitant l'avis d'Ingres, l'éternel rival de Delacroix, s'entendra répondre cette phrase : « Monsieur le curé, soyez-en bien persuadé, il existe un enfer. » Intéressante, cette allusion à l'enfer! Dommage qu'Ingres n'ait pas développé davantage son propos.

De plus en plus sombre, Delacroix se retranche dans sa maison de Champrosay. Il y passera le plus clair de son temps jusqu'à sa mort le 13 août 1863.

Champrosay... J'aime me promener dans la vieille forêt prise entre la Seine et l'Yerres. Une certaine Jeanne Poisson s'y jeta à la rencontre du roi qui chassait. C'est ainsi que Louis XV fit la connaissance de la future marquise de Pompadour. Sénart offre une grande variété d'arbres remarquables, parmi lesquels le chêne d'Antin vieux de six cent quatre-vingts ans et le chêne Prieur, abattu en 1980, que Delacroix dessina à la mine de plomb le 13 mai 1857. On sait qu'il a servi d'étude pour le groupe des trois grands arbres sous lesquels se déroule la lutte de Jacob et de l'Ange. Delacroix a fait aussi plusieurs esquisses du chêne d'Antin dont il parle souvent dans son *Journal*.

Comme lui j'aime me perdre dans cette forêt parsemée d'étangs et observer cette lumière si délicate que tamise la frondaison des arbres. La nature que Delacroix a représentée dans *La Lutte* est assez peu orientale — excepté la scène des troupeaux. Le ruisseau, la végétation, le tertre d'où partent les trois arbres appartiennent bien au paysage de l'Île-de-France. Quand je vois *La Lutte*, je ne puis m'empêcher de penser à la forêt de Sénart, à l'odeur humide qui se dégage de ses hautes futaies. La muraille des Saints-Anges répand un parfum acide et verduré, l'humus des débuts du monde que l'on respire encore dans quelques chemins retirés. Delacroix aimait errer et patauger dans la boue grasse, observant les matières organiques en décomposition, les « creusets vivants de la refonte universelle ». Il y a toujours eu chez lui un côté saprophile, une fascination pour l'anéantissement et la putréfaction.

Le chêne d'Antin qu'il aimait tant est toujours là. Un peu fatigué mais encore vaillant. Au printemps son feuillage est moins fourni que chez les autres arbres mais ses cheveux épars flottant au vent ont quelque chose encore de guilleret. Le patriarche se tient bien, il en enterrera beaucoup d'autres. Il y a quelques années les essences voisines furent ravagées par les chenilles processionnaires. Seul le chêne d'Antin résista victorieusement à la maladie.

« Respectez-le », enjoint une pancarte. Le tronc enduit de goudron de Norvège est creux. À chaque visite, je pénètre à l'intérieur du chêne crevassé. Cette sensation d'écorce un peu moisie qui ressemble au parfum des vieux chais à cognac est pour moi l'odeur même du temps. Enfermé dans le ventre de l'arbre, j'ai le sentiment de m'introduire dans la caverne interdite, d'entendre la fermentation du passé. Le

bruit des enfants qui jouent au ballon, le froissement des feuillages ont disparu. Seule s'insinue entre les parois de bois une rumination que viennent troubler parfois les craquements de la vieille carcasse. On dirait la pression régulière de l'eau sur la charpente d'un bateau. Dans ces moments-là, j'ai l'illusion de pénétrer dans les entrailles de la muraille sulpicienne, de me couler profondément dans le cours du temps, d'échapper au cauchemar de *La Lutte.*

Oui, cette peinture est devenue à présent une épreuve, un tourment! J'ai tout essayé. Qui sait si la vérité ne se trouve pas au cœur du vieux fût moribond ? Le rameau d'or que Proserpine impose d'aller cueillir pour traverser les Enfers serait-il caché dans le chêne d'Antin, l'arbre qui fait revivre et qui ne meurt jamais? Muni de ce viatique, Énée doit remonter le temps pour revoir son père et apprendre de sa bouche le secret de famille. « C'est le rameau d'or de Virgile, que nul ne peut trouver ni cueillir s'il n'est conduit par le destin », écrit Delacroix. Cette histoire l'a beaucoup frappé. Il l'a représentée dans un tableau, *La Sibylle et le rameau d'or* exposé au Salon de 1845. « Au sein de la forêt ténébreuse, le rameau d'or conquête des grands cœurs et des favoris de Dieu. » La correspondance avec *La Lutte* est évidente. Un critique n'a-t-il pas proclamé que la peinture de Saint-Sulpice est « le *lacryma rerum* du grand Virgile[1] » ?

La Sibylle indique avec son doigt la branche-sésame. Elle n'est pas cachée. Absolument évidente.

Il suffit de lever les yeux et de la cueillir.

---

1. Louis-Édouard Fournier, *Revue des arts décoratifs,* juillet 1901.

Sur la route nationale 448, la maison de Delacroix est un pavillon clôturé par un mur fait de cette pierre meulière francilienne si caractéristique. Champrosay, c'est l'image même du bonheur banlieusard. Le grand jardin donne presque l'illusion de vivre à la campagne. Le vestibule de l'entrée est moins banal avec ses dalles piquetées de cabochons. On dirait des gemmes de couleur noire. L'usure du temps a fait éclater quelques brillants.

Le propriétaire de la maison m'accueille avec cet air lointain que je connais bien. Ce n'est pas de la froideur, mais la marque d'un esprit concentré et circonspect. Lors de notre première rencontre il venait d'acheter le pavillon de Delacroix. L'intérieur avec ses pièces minuscules m'était alors apparu très sombre. À l'image du nouveau propriétaire. Il était vêtu d'une veste noire à rayures, genre Carnaby Street, qu'il portait cintrée, comme dans les années 70. Il m'avait montré l'atelier de Delacroix, lequel m'avait frappé par son étroitesse compensée, il est vrai, par un beau puits de lumière et un plafond très haut. J'avais visité le jardin envahi d'herbes folles, m'arrêtant devant un immense buis, presque un arbre, probablement le seul vestige du temps de Delacroix. Dans son *Journal*, Edmond de Goncourt qualifie la construction de « maison de notaire de village dans la débine ».

— Qu'est-ce qui vous a incité à acheter cette maison?

— Sûrement pas Delacroix, m'avait-il répondu. Ce serait même le contraire.

— Le contraire?

— Oui, je suis peintre.

Je lui avais demandé la permission de voir ses peintures. Il avait opposé un refus catégorique.

— De toute façon je ne suis pas intéressé par l'objet produit.

— Vous êtes donc un peintre sans objet et sans sujet?

Il n'avait pas relevé l'ironie un peu lourde.

— Je suis un peintre inconnu et souhaite le rester.

— Vous n'avez jamais fait d'exposition?

— Non, avait-il répondu comme une fin de non-recevoir.

Il n'était pas désagréable. Un peu absent tout au plus. Sauf lorsque je l'amenai sur un terrain plus personnel.

— Savez-vous à quoi rêvent les peintres aujourd'hui? m'avait-il demandé.

— Je ne sais pas. À leur œuvre, j'imagine...

— Non. À l'argent. À l'argent, monsieur.

Six années ont passé. J'ai souvent pensé à l'homme de Champrosay, à ses longs silences renfermant quelque tristesse secrète. Au retour de ma promenade dans la forêt, j'ai décidé de sonner à la porte sans prévenir. Il m'ouvre, ne marque aucune surprise, comme s'il m'attendait. Je le trouve changé. Moins désolé, presque disert. La maison aussi a changé. Des cloisons ont été abattues. Les pièces sont claires. L'aspect étriqué du pavillon de banlieue a disparu.

— Alors, ce n'est pas trop difficile de vivre en compagnie du fantôme de Delacroix?

Il me regarde, l'œil éteint.

— Je n'ai pas mesuré la force de cette présence, j'aurais peut-être hésité davantage... Delacroix parasite un peu ces murs. Mais nous cohabitons en parfaite intelligence. En fait je m'occupe peu de lui.

Il marque un silence et me regarde sans émotion.

— Figurez-vous que je suis imperméable à toute forme d'imagination ou de sentiment qui repose sur le passé.

Il y a en même temps chez lui quelque chose de secrètement flamboyant, une ardeur contenue qu'il garde pour lui. Je lui demande s'il aime Delacroix.

— L'aimer? Hum... Que faire avec un tel peintre? Il est là, on est bien obligé de composer, dit-il avec un regard douloureux, une expression lasse, à la limite du dégoût.

— Le caractère inévitable de Delacroix semble vous inspirer de l'ennui?

— Il fait partie de ces hommes qui ont franchi une limite. Cette limite les place ailleurs. Ce n'est pas une question de niveau. La hiérarchie me répugne.

Il consent à me montrer au premier étage l'atelier de Delacroix devenu le sien. Le puits de jour dans le plafond jette sur la pièce une clarté très vive, presque blanche. La seule trace de l'époque où Delacroix travaillait est, à l'encoignure, un poêle en faïence assez laid. Dans cette pièce il a peint de nombreuses toiles parmi lesquelles *Le Christ dormant pendant la tempête*, *Hamlet et Polonius*, *Le Christ au tombeau*. Alphonse Daudet, la jambe cassée, a vécu aussi dans cet atelier pendant la guerre de 1870. L'histoire de Daudet, qui longtemps habita à Champrosay, semble l'amuser.

— Daudet n'était pas très à l'aise dans cette maison. Le fantôme de Delacroix devait le tourmenter.

Ses œuvres sont disséminées dans l'atelier : spectacle de cerfs-volants, natures mortes, une baleine bleue faite avec des morceaux de plastique, très ingénieusement conçue et d'une beauté à couper le souffle...

— Vous voyez, je suis à la recherche d'un autre espace, quelque chose dont on ne s'est pas servi jusqu'à présent. Tant que je suis en dessous de mon ambition, je ne montrerai aucune de mes œuvres. Je ne veux pas raconter d'histoires.

Il me regarde, marque un temps d'arrêt. Sa voix soudain a changé :

— Et vous, j'ai l'impression que vous voulez raconter des histoires. Croyez-moi ça n'a aucun intérêt.

Il a l'air navré, son visage garde une sauvagerie qu'il a réussi à pacifier mais qui transparaît par moments. Nulle agressivité pourtant dans cette âpreté toujours mélancolique. Face aux êtres et aux choses, il a décidé de ne plus opposer que le calme. J'ai le sentiment qu'il n'attend rien. Je me trouve devant le Delacroix des dernières années...

Il me regarde soudain droit dans les yeux, posément.

— Vous cherchez! Savez-vous au moins ce que vous cherchez? Au lieu de battre la campagne, les bois ou les buissons, furetez plutôt en vous. Delacroix, sa maison, son chêne, son secret, tout cela c'est bon pour les offices du tourisme. Notre époque meurt de toute cette manie patrimoniale.

L'inflexion se fait plus ardente mais il réussit à faire taire cette force désenchantée. C'est une voix venue soudain d'ailleurs comme si quelqu'un parlait à travers lui : la froideur de Delacroix avec cette bonté qui avait tant frappé Baudelaire. Il est revenu dans sa tanière. Il dit :

— Vous perdez votre temps ici. Tout ce fétichisme du passé ne mène à rien. Cessez de ratisser dans le sillage de Delacroix! Oubliez-le!

Je crois comprendre : « Oubliez-moi. »

Épilogue

Comme Énée, je suis descendu aux Enfers mais, à la différence du héros de Virgile, je ne suis pas parvenu à remonter à la surface. J'erre dans le labyrinthe. J'y ai mes habitudes. Je continue à chercher. Heim, Delacroix, l'Ange : ils s'y sont mis tous les trois pour interdire le passage.

Le chemin défendu, Jacob, lui, a réussi à le forcer. Désormais, Jacob *sait.* S'il a accepté le combat, c'est parce qu'il avait la certitude de passer la ligne.

Delacroix l'a laissé échapper en détournant le texte de la Genèse. Jamais on n'a représenté un ange aussi ambigu. Jamais on ne l'a rendu avec autant d'ironie. A-t-on envie d'arracher un secret à quelqu'un qui vous prend aussi peu au sérieux? En fin de compte, le combat de l'Ange et de Jacob n'a jamais vraiment intéressé Delacroix. Dans sa peinture, il ne s'est appliqué qu'à l'instant du nom. « Révèle-moi ton nom, je te prie », réclame Jacob. Et l'inconnu de répondre : « Pourquoi demandes-tu mon nom? »

Le nom, obscure puissance du destin. Doit-il faire une *croix* dessus? Delacroix, fils de personne? Et cet *Héliodore* qui pense, lui, s'emparer sans difficulté du trésor du Temple!

Des choses cachées peuvent certes être mises au jour, mais qui ose les divulguer s'expose à un grave danger.

Les anges avec leur fouet n'y sont pas allés de mainmorte. Le trésor a été violé, étalé. L'or, les pierreries vomissent des coffres. Il n'en demeure pas moins que l'essentiel est sauf : le trésor a été profané mais il n'est jamais sorti du Temple. Ce qui a dû plaire à Delacroix. Il s'est empressé de signer de son nom au beau milieu de la scène qui représente un déballage et une fustigation. Une façon aussi de donner des verges pour se faire battre. Il en a trop dit dans *La Lutte*, il se punit dans *Héliodore*.

Je me suis trompé sur Delacroix. J'ai confondu le peintre et l'homme. Affirmer que sa vie n'est pas à la hauteur de son œuvre serait une stupidité. « Il était passionnément amoureux de la passion, et froidement déterminé à chercher les moyens d'exprimer la passion de la manière la plus visible », a parfaitement résumé Baudelaire.

Delacroix a mis sa peinture dans sa vie. Non l'inverse. Il fut aussi ardent et maîtrisé que ses créations. Est-ce un personnage romanesque? Sa vie n'a été tendue que par un seul but : peindre. Il a beaucoup mondanisé, beaucoup voyagé, beaucoup lu. L'amour? Il ne craindra pas d'écrire à une femme : « Je suis dans l'âge où les besoins, même du cœur, sont un excès quand ils font concurrence aux exigences du travail. »

Seules ces exigences-là ont compté pour lui. Même son hédonisme — le soin qu'il apportait au choix de ses vins, de ses cigares, de ses mets — n'avait d'autres buts que de préserver la carcasse, puiser de l'énergie pour peindre en paix.

Par certains aspects, il ressemble à Flaubert. Il a trouvé son salut dans l'art. À force de sacrifices, de souffrances, de travail, il a réalisé son ambition. Il y a chez Delacroix un côté Christ de la peinture. Pour mieux embraser la fournaise de l'inspiration, il a laissé sa vie se consumer.

Cadenasser, telle a toujours été la conduite de l'auteur masqué des *Femmes d'Alger* — ne voyait-il pas dans l'acte sexuel une fermeture ? Dissimuler la plaie profonde, verrouiller les chambres secrètes : Delacroix a eu beau dans la chapelle des Saints-Anges métamorphoser un obstacle en écran de feu, son Jacob a été plus fort que lui. *La Lutte* est un vrai déni en même temps qu'une parade magistrale. C'est une fin de non-recevoir. Tout le drame de Delacroix est contenu dans cette expression. C'est une fin, c'est un non, la cause est irrecevable.

Au moment où il travaille aux Saints-Anges, il peint un *Ugolin et ses fils*. Tiré de *L'Enfer* de Dante, cet épisode raconte le supplice d'un père enfermé dans une tour avec ses enfants. Ils ont été condamnés à mourir de faim. Seul survivant, Ugolin finira par manger la chair de ses fils. Cette histoire de père cannibale a obsédé le fils de Charles Delacroix qui y pensait déjà en 1847. Il terminera la peinture en 1860, une année avant les Saints-Anges. Faut-il voir dans cette œuvre une réponse à l'interrogation de *La Lutte*?

Quand on est prisonnier d'un mur, la seule solution pour en sortir est de l'enfoncer. Aux Saints-Anges, Jacob a fini par crever la cloison. Il est passé de l'autre côté.

Heim l'attendait. Quelle est cette main qui n'a cessé de me mettre en porte-à-faux avec Delacroix, pour m'aiguiller ailleurs? L'auteur de *La Lutte* s'est bien vengé. Je me suis servi de lui. J'ai cru pouvoir combler un vide, je l'ai élargi. Irrésistiblement, je me suis senti entraîné vers la chapelle voisine. Alors que je cherchais la lumière des Saints-Anges, j'ai fait irruption au royaume des ombres, parmi les peintures de Heim.

Delacroix m'a attiré pour m'égarer chez l'auteur de *La Prière pour les morts.* Voilà la réalité.

Comment ai-je bifurqué chez Heim, l'anti-Delacroix? Leur complicité m'a abusé. Après tout, le portrait le plus saisissant de Delacroix est dû au crayon de Heim qui a parfaitement rendu, en membre de l'Institut, son air pincé et hautain. Heim! Cette façon qu'il a eue de repasser derrière Delacroix en reprenant par exemple le thème de l'*Héliodore.* « On se demandera peut-être sous quel règne M. Heim a eu du talent », écrivait méchamment le critique Paul Mantz lors du Salon de 1847. Baudelaire le considérait comme « un artiste éminent, distingué, chercheur à qui il ne manque qu'un millimètre ou qu'un milligramme de n'importe quoi pour être un beau génie ».

Terrible, cette insuffisance! Au fond, il n'avait pas la grâce! C'est sur ce peintre que j'ai jeté mon dévolu.

Mais où se cachait Jacob?

Dans le labyrinthe, j'ai toujours pensé qu'il me permettrait de retrouver la lumière.

— C'est une toile splendide. Elle a été très abîmée. Nous ne pouvons la présenter au public. Elle se trouve quelque part dans les réserves. Le musée n'expose qu'une infime partie de ses collections.

— Puis-je voir le tableau?

—Volontiers. Mais il faudra être patient. Je n'ai pas eu le temps de consulter mes fiches. Il se trouve soit dans les caves du musée, soit dans l'annexe. Ou peut-être même dans les anciens vestiaires. Nous manquons de place. Que voulez-vous, c'est la dèche!

Un jour d'automne à Bordeaux. Je me suis enfin décidé à faire une visite au musée des Beaux-Arts pour voir la toile de Heim *L'Arrivée de Jacob en Mésopotamie*, que je m'étais promis de retrouver. Le voisin de Delacroix aux Saints-Anges était obsédé par le personnage de Jacob. Il l'a représenté dans une autre toile où l'on voit les fils du patriarche lui apportant la robe de Joseph.

J'ai beau me dire que Charles Delacroix est enterré ici, à Bordeaux, que le peintre a passé au palais de Rohan sa tendre enfance, je n'attends plus rien. Tous ces présages m'auraient-ils entraîné trop loin?

Pour m'évader il y a des gestes que je continue d'accomplir machinalement. Heim, *L'Arrivée de Jacob en Mésopotamie*, pourquoi pas!

Naïvement, je croyais que la toile était accrochée dans l'une des salles du musée. Voyant mon désappointement, l'un des gardiens téléphone à l'administration. J'explique le but de ma visite. Le conservateur en chef, probablement touché par l'intérêt que je porte à cette toile, descend. Je m'aperçois que c'est un homme très occupé. Il a décidé cependant d'être disponible. Je ne suis pas persuadé qu'il ait compris ce que je cherche.

— Je vois, dit-il poliment, mais est-ce Delacroix ou Heim qui vous intéresse?

C'est un homme efficace, à l'intelligence claire. Il enrôle aussitôt deux employés.

— Vous allez voir! Le tableau est volumineux. Plus de deux mètres et demi sur trois. Si j'ai bonne mémoire, une large bande dans la partie supérieure est pratiquement effacée. C'est une toile incomplète.

— Vous voulez dire que Heim ne l'a pas terminée?

— Comment! Vous ne savez pas? Elle a été très endommagée à la suite de l'incendie de 1870.

— Cet incendie avait-il un rapport avec la guerre?

— Oui, quoique indirect. Les collections avaient été entreposées dans un sous-sol. Il faisait très froid, le poêle chauffé à blanc a provoqué un embrasement. Beaucoup de toiles ont été ravagées par l'eau.

Nous jetons un coup d'œil dans les anciens vestiaires du musée. Le regard du conservateur balaie rapidement la pièce :

— Rien que des petits formats. Allons visiter les caves.

L'immense tunnel me fait penser à la planque des frères Loiseau, les antiquaires du *Secret de la Licorne* de Hergé. Des trésors sont rangés dans cette caverne. Le manque de crédits et de place empêche de les admirer. Cette insuffisance de moyens, je le devine, humilie le conservateur. Le spectacle de ces tableaux soigneusement disposés, entourés de linges, le fait parfois soupirer ou hausser les épaules. Nous soulevons des dizaines de toiles : Vierges à l'enfant, Assomptions, scènes mythologiques. Les deux gros bras se sont pris au jeu, ils n'ont pas leur pareil pour écarter les tableaux, évaluer leur dimension. Le conservateur paie lui aussi de sa personne. Sur son blazer sont accrochées des toiles d'araignées. Il s'inquiète et finit par dire que le Heim ne peut que se trouver à l'annexe.

À l'annexe, l'électricité a été coupée. Des caisses sont en partance pour le Japon. Nous n'avons que des torches pour nous éclairer. Après une longue recherche, un des employés s'écrie :

— Je crois que nous l'avons trouvée.

Il exhume délicatement des ténèbres une toile immense, découvre la housse. Une partie noircie apparaît sur laquelle le cercle de la torche électrique laisse une lueur blafarde. Des taches de moisissure piquettent l'ensemble. Il n'y a plus aucun bruit dans la grande pièce noire.

Les deux employés déposent lentement le tableau contre le mur. Le châssis ne paraît pas trop attaqué. Le conservateur qui furetait dans le compteur pousse une exclamation de triomphe. La lumière au néon hache l'obscurité dans laquelle nous étions plongés.

Surgit soudain *L'Arrivée de Jacob en Mésopotamie*.

Je reste interdit. Ce que je cherchais est là, devant moi.

Je poursuivais Jacob. Il est au rendez-vous avec son bâton de voyageur. Dans la partie charbonneuse je ne vois que des ombres. Je distingue des pasteurs qui se reposent à l'ombre de grands arbres. Ils désignent une jeune fille conduisant un troupeau. Sans doute la fille de Laban. Le chapeau de Jacob me plaît. Très élégant! Cela lui donne un air fringant. Le conservateur précise que c'est un pétase. Je le préfère au chapeau de planteur de *La Lutte*. Au fond on devine un temple antique ou peut-être les murailles d'un château de la Renaissance.

La toile est déformée, durcie par la moisissure. Je ne parviens pas à arracher mon regard de la bande brûlée sur laquelle des personnages effacés s'agitent.

Je tiens mon Jacob. C'est par ce tableau qu'il fallait commencer. Ce n'est pas le secret d'un peintre que je cherchais mais celui d'un autre homme qui s'est retrouvé un jour au royaume des ombres.

Remonterai-je un jour à la lumière? Il faut partir de ce noir sur la toile, de cette destruction sur laquelle la vie va renaître... Le conservateur dit :

— Cette partie lacunaire vous inquiète! Elle ne pose pas de problèmes. On peut reconstituer ce qui a été détruit.

30 novembre 2000.

Villa Jamot, Genthieu, Le Pouldu, Hoëdic (*le Vieux-Phare*).

Bibliographie

ÉCRITS DE DELACROIX

Journal (1822-1863), Plon, 1980.

Correspondance générale, 5 tomes, Plon, 1936-1938.

Dictionnaire des Beaux-Arts, édité par Anne Larue, Hermann, 1996.

Écrits sur l'art, Librairie Séguier, 1988.

Lettres intimes, Gallimard, 1954.

Souvenirs d'un voyage dans le Maroc, Gallimard, 1999.

Nouvelles Lettres, William Blake and Co., 2000.

SUR DELACROIX

Alain DAGUERRE DES HUREAUX, *Delacroix*, Hazan, 1993.

Yvonne DESLANDRES, *Delacroix*, Hachette, 1963.

Raymond ESCHOLIER, *Delacroix peintre, graveur, écrivain*, 3 vol., H. Floury, 1926-1929.

—, *Delacroix et les femmes*, Fayard, 1963.

Yves FLORENNE, *Delacroix*, Mercure de France, 1963.

Hubert GILLOT, *E. Delacroix*, Les Belles Lettres, 1928.

Stéphane GUÉGAN, *Delacroix et les Orientales*, Flammarion, 1994.

René HUYGHE, *Delacroix ou le Combat solitaire*, Hachette, 1964.

Barthélemy JOBERT, *Delacroix*, Gallimard, 1997.

Philippe JULLIAN, *Delacroix*, Albin Michel, 1963.

Paul LOPPIN, *Les Grandes Figures champenoises : Charles et Eugène Delacroix*, Pierre Béarn, 1963.

—, *Eugène Delacroix, l'énigme déchiffrée,* Pierre Béarn, 1965.
—, *Delacroix, père et fils,* Pierre Béarn, 1973.
Armand MOSS, *Delacroix et Baudelaire,* Nizet, 1973.
Louis DE PLANET, *Souvenirs des travaux des peintures avec M. Eugène Delacroix,* Armand Colin, 1929.
Peter RAUTMANN, *Delacroix,* Citadelles et Mazenod, 1997.
Raymond REGAMEY, *Eugène Delacroix, Époque de la chapelle des Saints-Anges (1847-1863),* Renaissance du Livre, 1931.
Lucien RUDRAUF, *De la bête à l'Ange,* Budapest, Acta Historiæ Artium, Academiæ Scienti, 1963.
Maurice SÉRULLAZ, *Les peintures murales d'Eugène Delacroix,* Éditions du Temps, 1963.
—, *Delacroix,* Fayard,1989.
Jack SPECTOR, *The Murals of Eugene Delacroix at Saint-Sulpice,* The College Art Association of America, 1967.
Eugène Delacroix, collection Génies et Réalités, Hachette, 1963.
Delacroix, revue *Europe,* n° 408, avril 1963.

CATALOGUES

Delacroix, les dernières années, Paris, Réunion des Musées nationaux, 1998.
Delacroix, la naissance d'un nouveau romantisme, Rouen, Réunion des Musées nationaux, 1998.
Delacroix : peintures et dessins d'inspiration religieuse, Nice, Réunion des Musées nationaux, 1986.
Delacroix en Touraine, Tours, Musée des Beaux-Arts de Tours, William Blake and Co., 1998.

SUR L'ÉGLISE SAINT-SULPICE

De pierre et de cœur, l'église Saint-Sulpice, 350 ans d'histoire, Le Cerf, 1996.
André BOINET, *Les Églises parisiennes* (tome II), Minuit, 1962.
Bertrand DREYFUSS, *Le Guide du promeneur, VI*e *arrondissement,* Parigramme, 1994.

Charles HAMEL, *Histoire de l'église Saint-Sulpice,* Librairie Victor Lecoffre, 1900.

Gaston LEMESLE, *L'Église Saint-Sulpice,* Bloud et Gay, 1931.

Émile MALBOIS, *Saint-Sulpice* (manuscrit disponible aux archives de la Compagnie des prêtres de Saint-Sulpice).

Saint-Sulpice, brochure, 2000 (préface du curé de Saint-Sulpice, Paul Roumanet).

De pierre et de cœur, catalogue de l'exposition sur Saint-Sulpice, organisée à la mairie du VIe arrondissement, 1996.

SUR LA « LUTTE DE JACOB AVEC L'ANGE »

Maurice BARRÈS, *Le Mystère en pleine lumière,* Plon-Nourrit, 1926.

Pierre BLANCHARD, *Jacob et l'Ange,* Études carmélitaines, Desclée de Brouwer, 1957.

Robert COUFFIGNAL, *La Lutte avec l'Ange,* Université de Toulouse-Le Mirail, 1977.

Régine DEFORGES, *Lola et quelques autres,* Fayard, 1993.

Pierre EMMANUEL, *Jacob,* Le Seuil, 1970.

Anatole FRANCE, *La Révolte des Anges,* Calmann-Lévy, 1914.

André GIDE, *Les Faux-Monnayeurs* (3e partie), Gallimard, 1925.

Jacob, les aléas d'une bénédiction, Labor et Fides, 1992.

M.-D. MOLINIÉ, *Le Combat de Jacob,* Le Cerf, 1967.

Robert SÉBASTIEN, *La Chapelle des Saints-Anges,* Plon, 1928.

Jean-François THOMAS et Michel BEZ, *L'Ardent Combat,* François-Xavier de Guibert, 1996.

DIVERS

M. ALEXIS, *Givry-en-Argonne,* 1977 (sans nom d'éditeur).

Bruno FOUCART, *Le Renouveau de la peinture religieuse en France (1800-1860),* Arthéna, 1987.

Abbé A. HUREL, *L'Art religieux contemporain,* Librairie académique Didier et Cie, 1868.

Jacques LE GOFF, *La Naissance du Purgatoire,* Gallimard, 1981.

Georges Poisson, *Saint-Maurice, l'histoire de notre ville*, édité par Culture et Loisirs de la Ville de Saint-Maurice, 1992.

BROCHURES, ARTICLES

Architecture et décors peints, Amiens, Actes des colloques de la direction du Patrimoine (Ministère de la Culture), 1989.

Les Écrivains de Saint-Sulpice, Le Promeneur des Lettres.

Sonia Guillotin, *L'Église de Corps-Nuds*, monograhie, UF Environnement.

Pierre Wittmer, *Sur les pas de Delacroix à Champrosay* (Agence culturelle et technique de l'Essonne).

Patrick de Buttet, *Autour du berceau d'Eugène Delacroix*, 2 vol., Ville de Saint-Maurice, 1998.

Le Grand Orgue de Saint-Sulpice et ses organistes, ouvrage collectif sous la direction de Kurt Lveders (*La Flûte harmonique*, année 1991, n° spécial 59-60).

Michel Portal, *L'Urbanisme parisien au siècle des Lumières : la place Saint-Sulpice*, Action artistique de la Ville de Paris.

Les poèmes de la tour nord (chapitre I « Les tours de Servandoni ») sont de Georges Rose. Derniers ouvrages : *Rivages* (Le Dé Bleu, 1997) ; *L'Usage du ciel* (Souffles, 1997) ; *Moments* (Valenciennes, Cahiers Froissart, 1998).

Remerciements

Je veux témoigner ma reconnaissance au curé de Saint-Sulpice, Paul Roumanet. Que soit aussi vivement remercié Michel Portal. Sa connaissance du sanctuaire, sa disponibilité et sa grande courtoisie m'ont beaucoup facilité les choses.

Je tiens à manifester aussi ma gratitude à : Jean-Paul Amat, Roselyne André, Michel Béal, Louis Bergès, Guy Bolsee, Chantal Bouchon, Robert Bougrain-Dubourg, Bernadette de Boysson, Georges Brunel, Imelda Brunerie, Michel Cantal-Dupart, Patrice Chagnard, Joseph Corbineau, Robert Couffignal, Christophe Cousin, Claudine et Paul Derome, Tancrède et Lô Dumont, Malika Fléau, Annick Fort, Bruno Foucart, Olivier Frébourg, Françoise Gaillard, Claude Hébert, Lydie Huyghe, Daniel Imbert, Sophie Join-Lambert, Béa Jomelli, Régis Labourdette, Nicole Lignac, Annie Lorenzo, Luc Monnet, Madeleine Neige, Irénée Noye, François Oubriot, Jean Pierrard, père Ploix, Noël Poncelin, Francis Ribemont, Gérard Rondeau, Georges Rose, Daniel Roth, Jean Schalit, Alain Segal, Arlette Sérullaz, Charlotte Simon, Juliette Soulabaille, Denis Tillinac et Isabelle Vazelle.

Enfin que Joëlle, qui m'a accompagné dans cette longue lutte, soit remerciée de tout cœur.

Table des matières

Cet ouvrage
a été reproduit et achevé d'imprimer sur Roto-Page
par l'Imprimerie Floch à Mayenne en février 2001,
pour le compte des
Éditions de la Table Ronde.

Dépôt légal : février 2001.
N° d'édition : 3327.
N° d'impression : 50750.

Imprimé en France.